本研究得到上海市哲学社会科学规划系列课题“社会力量参与上海基层社会治理问题研究”(项目编号:2016XAF001)的资助

特大城市社会治理:立足基层社区的考察

孙莉莉 著

上海交通大学出版社
SHANGHAI JIAO TONG UNIVERSITY PRESS

内容提要

城市寄托着人类对美好生活的诸多期待，而社区是城市发展政策和居民日常行为展开的基层单位，折射着城市围绕美好生活进行的制度设置和资源配置。特大城市蕴藏着我国由传统到现代转型过程中社会结构的复杂变化，因而特大城市社会治理的主体、机制、模式都在相应地改变着。本书从基层社区的层面，分析特大城市社会治理中社会组织、群团组织、党组织和居民参与发挥的功能及实现路径，讨论社区自治、共治的机制，在此基础上，基于中国"民情"思考"共建共享共治"社会治理格局构建的路径。

本书可为研究城市社会治理、公共管理、城市发展等问题的学者和实务工作者提供重要参考。

图书在版编目(CIP)数据

特大城市社会治理：立足基层社区的考察 / 孙莉莉著. —上海：上海交通大学出版社，2018

ISBN 978-7-313-20173-7

Ⅰ.①特… Ⅱ.①孙… Ⅲ.①城市管理-研究-中国 Ⅳ.①F299.23

中国版本图书馆 CIP 数据核字(2018) 第 212020 号

特大城市社会治理：立足基层社区的考察

著　　者：孙莉莉

出版发行：上海交通大学出版社　　地　　址：上海市番禺路 951 号

邮政编码：200030　　电　　话：021-64071208

出 版 人：谈　毅

印　　刷：上海天地海设计印刷有限公司　　经　　销：全国新华书店

开　　本：710mm×1000mm　1/16　　印　　张：11.25

字　　数：194 千字

版　　次：2018 年 11 月第 1 版　　印　　次：2018 年 11 月第 1 次印刷

书　　号：ISBN 978-7-313-20173-7/F

定　　价：58.00 元

前　言

Preface

改革开放以来，我国经济社会快速发展，城市空间逐渐扩大，城市功能不断拓展，形成了一批人口集聚、要素集聚、功能集聚的特大城市。资源的集聚给这些城市带来了发展的机会、进步的活力，同时也给社会治理者带来了新的挑战。在充满流动性和不确定性的条件下，特大城市的社会治理要将相应资源按照广为接受的制度和规则，合理配置有效组织，满足来自不同组织、不同群体社会成员的诉求，为城市居民的美好生活建构提供优质的服务。居民日常生活的重要空间是社区，而社区是"生活共同体"。党的十九大报告提出"要打造共建共治共享的社会治理格局"，强调社会治理重在基层，尤其是要加强社区治理体系建设。对社区治理的重视体现着党对人民日益增长的美好生活需要的积极回应，寄托着党旨在让社会治理成果更多、更好、更公平地惠及全体人民的希冀。

作为特大城市典型代表的上海，目前正处在"创新社会治理加强基层建设"的深入推进阶段，其中明确提出重心在基层社区，要建立"机制共建、义务共担、资源共享、实事共办"的共享共治模式，引导社会力量参与社会治理，实现由政府单一管治向政社合作、政企合作、政民合作转变。一定意义上，上海已经在共建共治共享的社会治理模式方面积累了一些经验，为在更高水平加强和创新社会治理的研究提供了很好的蓝本。

在这样的背景下，本书研究的主要问题是：特大城市社会治理中，相关治理主体发挥着怎样的功能，形成了怎样的运作模式？这些功能的发挥依托怎样的机制？特大城市的社会治理绩效是怎样的？如何进一步优化社会治理？立足上海等地的基层社区治理实践，本研究分析特大城市社会治理的主体、机制和绩效。主体方面，聚焦党组织、社会组织、群团组织和居民在基层社区的功能发挥；

机制方面，分析以上主体引领或参与社会治理的路径和形成的模式；绩效方面，主要是考察社会组织参与社会治理的参与支持指数、参与成长指数和参与贡献指数。本书既有对我国城市基层社区治理的梳理，也有对国外城市社区治理的分析，希望能在一些共同的前提下，为我国社区治理的优化提供借鉴。

本书经验层面的材料丰富，这些资料来源于笔者和研究团队近几年来所做的实地调查。许多调查受到政府相关部门的资助，实际的调查开展也得到了他们的支持。近年来，诸多城市越来越重视社会治理，良好的氛围为我们的研究提供了便利的调研条件。囿于时间和有限的能力，一些方面的探讨还不够细致，一些问题的分析还不够深入，请同行斧正！我将继续完善研究工作。

目　录

Contents

第一章

导　论

第一节　城市社区研究:对秩序的探寻

改革开放以来,随着“自由流动资源”的日益丰富,城市依托“单位”建构的秩序无以为继,同时,社会成员的多样性诉求仍需要一种有效渠道的回应,人群的流动性亟需一种不同于传统手段的秩序维持方式。2000年,国家层面提出“社区建设”,表达了新的时期对社区功能发挥的新期待。社区承担着单位制沉淀下来的功能,还担负起了新社会条件下的新功能,成为利益、生活,整合、控制和动员等管理与服务工作的载体。伴随社区功能转变的,是社区内部新力量的生长。从某种意义上说,诸如社会组织、业主委员会等新力量,与社区原有的组织相遇并互动,形成了城市社区的治理结构和过程,最终重构了社区层面的社会秩序。

社会秩序问题一直是社会学的中心问题,也是社会治理的深层基础。在我国城市发展政策的推动下,城市的社区类型逐步多样,而不变的是基层管理者依托社区探索一种理想秩序的诉求。自从“秩序何以可能”这一“霍布斯问题”提出开始,洛克的“契约”、涂尔干的“机械团结”和“有机团结”,以及滕尼斯的“共同体”和“社会”等观点,都对人类的关联进行了解读。在变动不居的社会结构中,社区成员如何相互关联在一起,实现这种关联的内在机制是什么,是社区研究的深切关怀。

一、社会秩序建设基点的探索

基于社会控制的社会秩序研究。社会秩序本质上是一个控制问题。马克思和恩格斯从国家形成的层面分析社会控制问题，认为国家起源于社会控制的需要[①]。罗斯将社会控制的手段分为伦理的控制手段和政治的控制手段，并且倾向于从社会心理的角度对社会进行有效控制[②]；庞德在历史经验的基础上，将社会控制手段大体划分为三种，即法律、道德和宗教，法律取代道德和宗教成为社会控制的主要工具是人类文明发展的要求[③]；更多的学者围绕社会控制的特征及其过程等展开研究[④]。

基于社会建设的社会秩序研究。社会建设是达成社会秩序的手段，主要围绕社会失序的深层原因从积极方面进行干预。社会建设是一个具有中国特色的理论概念。郑杭生认为社会建设的内涵可以从正向和逆向两个方面来把握。从正向层面，就是在社会领域建立起各种能够合理配置社会资源和社会机会的社会结构和社会机制；从逆向层面，就是不断地研究社会矛盾的新特征，创造新机制，更好地弥合分歧，化解矛盾，控制冲突[⑤]。陆学艺认为社会建设是一个庞大的系统工程，社会建设的目标是实现社会和谐与社会进步，社会建设的保证是社会安全运行，社会建设的动员机制是建立协调各阶层利益的机制；社会建设的重要手段是社会管理[⑥]。更多的学者从社会结构优化、民生改善等方面展开相关研究[⑦]。

基于社会治理的社会秩序研究。社会治理必定以维护社会秩序为核心，治理理论是社会治理的理论基础。罗西瑙认为：治理是一系列活动领域里的管理机制，是一种由共同的目标支持的管理活动[⑧]。按照罗茨的总结，治理在以下几个方面被广泛应用：作为最小国家的治理、作为公司治理的治理、作为新公共管理的治理、作为善治的管理、作为社会一控制论系统的治理以及作为自组织网络的治理。在以上理论的指导下，社会治理中产生了一些具体的模式，如多中心治理、整体性治理、网络治理等等。我国正在实现由社会管理向社会治理的模式转型，在实践中探索出“协作治理”“参与式治理”“复合治理”“网格化管理”等模式。

---

① 中央编译局：《马克斯恩格斯全集》(第十一卷)，人民出版社 2002 年版。
② E.A.罗斯：《社会控制》，华夏出版社 1989 年版。
③ 罗斯科・庞德：《通过法律的社会控制》，商务印书馆 2010 年版。
④ 詹姆斯・克里斯：《社会控制》，电子工业出版社 2012 年版。
⑤ 郑杭生：《改革开放 30 年：快速转型中的中国社会》，《社会科学研究》2008 年第 4 期，第 1 - 9 页。
⑥ 陆学艺：《关于社会建设的理论和实践》，《理论前沿》2008 年第 11 期，第 20 - 25 页。
⑦ 李培林：《社会治理与社会体制改革》，《国家行政学院学报》2014 年第 4 期，第 8 - 10 页。
⑧ 詹姆斯・罗西瑙：《没有政府的治理》，江西人民出版社 2001 年版。

二、城市社区和社会秩序

国外学者对城市社区社会秩序的研究兴盛于20世纪20—30年代，研究内容主要有两个方面，一是城市化进程中社区社会关系的变迁、维系和重组，形成了社区“失落”“继存”和“解放”的不同观点。二是社区权力关系的结构特征及演变，形成了包括“社会精英论”和“多元政治论”在内的理论流派。20世纪80年代末至今，国外学者在中观和微观层面进行了较多研究，其中，人口迁移、资本要素流动、空间、组织方式构成社区社会秩序的主要影响变量。代表人物有Ports，Fligstein，Putnam，Paxton等。国外学者近年来的研究较多在市民社会框架下展开，一部分研究集中于社会资本与社区社会秩序的建构与变迁。另一部分研究集中于社区自治秩序的形成过程。以上两个主题的研究在分析思路上并无明显界限，都将正式权威、非正式规范、科层机制、民主机制，纳入社区社会秩序的分析中。

我国学者在20世纪30—40年代即开始了以文化为重点的社区研究，代表人物有吴文藻、费孝通、张之毅等一批老一辈社会学家。1979年社会学重建后，城市社区是当时社会学界比较关注的课题之一。城市改革起步以后，出现了对城市社区的研究，如社区内部整合纽带的变化、社区中企业职能改变、居民归属感的降低、区域间社区社会秩序的差异，代表人物有周如昌、李汉林、叶南客、丘海雄、王颖、孙炳耀等。研究者在较好的理论指导下，针对现实社区社会秩序问题，运用多种调查方法和分析方法。同时，一些研究者开始进行理论反思，寻找理论生长点。20世纪90年代初至今，研究者对社区中出现的新要素、新问题，如社区管理体制改革、阶层分化、住房分异等进行了有理论深度的分析，有的研究结论上升为理论。在研究方法上，定性研究更加规范，定量研究技术不断发展。这一时期的代表人物主要有李汉林、夏建中、于显洋、夏学銮、王思斌、项飚、卢汉龙、张静、桂勇、孙立平、李友梅、周大鸣、王颖、王汉生、朱健刚等。

立足于中国转型社会的特征，我国当前关于城市社会秩序生产的研究，在“国家—社会”的主流分析框架下，形成了三个主要的判断。

一是国家在社会秩序生产中有着积极的“干预”作用。研究者发现国家通过街道办事处和居民委员会，来主导社区社会秩序的积极意义，强调在社会力量兴起之下，基层政权能力建设在社区社会秩序中的核心作用，分析国家通过“择机介入”等策略保持社区有序①。该视角把国家的主导视为最直接的社会秩序生产力量，其优点在于，能够比较清楚地反映出国家为建构一种秩序而做出的诸多富有启发性的组织方式，但较少考虑国家所面对的城市社区内部的分化②，更何况国家内部也不是铁板一块的③。

二是国家与社会的合作推动城市社会秩序的生产。宏观和中观层面的研究提出，党组织、政府组织、自治组织、非营利组织等的多元互动与合作是社会秩序生产的理想模式④，较微观的研究分析了我国特大城市为达成社区自治和共治秩序所进行的具体治理实践及形成的治理模式。该视角主要强调运用治理技术，消解国家与社会之间的二元对立。

三是社会自组织的发育促进自治秩序的生长。研究者分析居民委员会、业主委员会在社区社会秩序中发挥的功能，认为居委会自治性回归，社区自组织发育，社区自治秩序会因此而得到重构⑤，当然，社会资本的培育也是自治秩序得以生成的重要基础。另有研究者关注社会秩序形成和有效运转的协调机制这一微观基础，揭示“复杂社区”秩序的规则，深入分析其形成的实践过程⑥。对社会秩序生产的实践过程的关注为一种更加细致和富有解释力的分析提供了可能。

为突破“国家—社会”分析框架的有限性，一些学者发展出新的分析框架，如“过程—事件”“行动—空间”“制度—生活”分析框架；一些学者为了弥补已有分析的不足，在具体分析上或增加新的变量，或借鉴其他学科的概念工具，增加理论分析对于经验现实的解释力。这些理论建树各有特色，并相互交流，推动着学界研究水平的不断上升。学界近年来开始对“国家与社会”的主导性视角进行反思，论证这个规范层面的视角是否能够很好地揭示中国社会变迁的复杂机制⑦。在理论反思的过程中，学界达成一个共识，那就是要立足我国的实践，做能够解释我国社会的理论分析，而不是“以中国材料和数据削足适履地印证西方理论和

---

① 王汉生、吴莹：《基层社会中“看得见”与“看不见”的国家》，《社会学研究》2011 年第 1 期，第 63 - 95 页。

② 王星：《利益分化与居民参与——转型期中国城市基层社会管理的困境及其理论转向》，《社会学研究》2012 年第 2 期，第 20 - 34 页。

③ 黄晓春、嵇欣：《协同治理与策略性应对——社会组织自主性研究的一个理论框架》，《社会学研究》2014 年第 6 期，第 98 - 123 页。

④ 王颖：《扁平化社会治理：社会自治组织与社会协同服务》，《河北学刊》2014 年第 5 期，第 100 - 105 页。

⑤ 夏建中：《北京城市新型社区自治组织研究》，《北京社会科学》2003 年第 2 期，第 88 - 94 页。

⑥ 李友梅：《城市基层社会的深层权力秩序》，《江苏社会科学》2003 第 6 期，第 62 - 67 页。

⑦ 肖瑛：《从“国家与社会”到“制度与生活”：中国社会变迁研究的视角转换》，《中国社会科学》2014 年第 9 期，第 88 - 104 页。

观念”[①]。

第二节 社区研究的理论取向及其秩序意涵

秉持对社会秩序的关怀，学者们展开了对社区的研究，权力、认同、利益等要素进入社区场域并在实践中交织，引起多个学科学者的重视，尤其是社会学者和政治学者的对话与交流因为“社区研究”而变得更加频繁，也因此出现了丰富的研究成果。从理论取向上，我们可以概括出社区研究的基层政权建设取向和基层社会发育取向，前者是要把社区建设成为有效的“治理单元”，后者希望把社区建设成为“共同体”。

一、基层政权建设取向及其“治理单元”的秩序意涵

社会转型和社区建设运动背景下，中国城市社区是为了解决单位制解体后城市社会整合与社会控制问题自上而下建构起来的国家治理单元，而不是一个可以促进公共领域形成或市民社会发育的地域社会生活共同体[②]。城市社区建设一开始就是在政府的主导规划下展开的。城市社区中的各类组织尽管有各自的结构，功能也不尽相同，但彼此之间依赖行政纽带的连接，在解决社区公共问题时都表现出行政性的基本特点[③]。正如一些学者所分析的，国家将行政管理的重心从“条”上的单位转变为“块”上的社区，是想提升“块”在处理社会事务时协调各相关职能部门和社区组织的能力。因此，基层政权建设理论取向所关注的问题是国家权力向基层社会延伸的过程以及在此过程中碰到的约束[④]，政策层面则要回答通过什么有效手段使社区成为稳固的治理单元。

社区建设运动或许带来了社区中的“行政有效”，但是同时出现了“治理无效”的后果[⑤]。实践中的社区治理目标往往有意或者无意地被重建行政协调系统替代，“条”“块”上的行政组织权力并没有收缩，国家在社区中的合法性得到进一步确认。也就是说，在社区建设的过程中，国家内部组织的功能及其实现工具

---

① 李友梅：《讲好有世界意义的中国故事》，《人民日报》2017 年 3 月 30 日，第 05 版。

② 杨敏：《作为国家治理单元的社区——对城市社区建设运动过程中居民社区参与和社区认知的个案研究》，《社会学研究》2007 年第 4 期，第 137 - 164 页。

③ 桑玉成：《从五里桥街道看城市社区管理的体制变革》，《政治学研究》1999 年第 2 期。

④ 李友梅：《社区治理：公民社会的微观基础》，《社会》2007 年第 2 期，第 159 - 169 页。

⑤ 林尚立：《上海基层治理有效吗？》，《上海观察》2013 年 12 月 13 日。

以一种更精细的方式进行了自我强化，纵向的行政命令系统十分有效。与此形成鲜明对照的是，横向的社会协调系统却迟迟建立不起来①，无法与国家对社区的渗透权力形成对话。于是，我们看到的更多是居委会行政化的工作方式、社会组织嵌入政府和悬浮于居民、居民对社区的冷漠等。近年来的一些社区治理探索比如网格化管理为政府提供了加强控制管理的技术平台，成为流动性社会中被政府积极采纳的治理工具。由于其管控取向、技术理性的特征②，加强了行政整合能力对治理的吸纳，网格化管理下，作为"治理单元"的社区更清晰地显示出来。

二、基层社会发育取向及其"共同体"的秩序意涵

持基层社会发育理论取向的学者将社区建设的过程视为构建社区"共同体"的过程，他们在新出现的社区自组织如业主委员会、草根社区组织、志愿者上着墨较多，并对这些新组织形式的功能发挥寄予厚望，期待在居民的广泛参与下，逐步生成具有相对自主性且能够与国家有效衔接和沟通的自组织空间，从而形成与传统国家治理逻辑不同的社区自我维持和更新系统，实现社区层面的治理转型。

该理论取向的学者关注的重点是社区参与、社区自治、社区民主的发展途径及其保障体系，唯有具备这些条件，才有可能实现"共同体"的秩序景象。在工业化、城市化、全球化的发展之下，社区在居民生活中的重要性降低，居民对社区的依赖下降③。人们开始思考现代社会条件下重建社区共同体的可能性，如果缺乏社区意识、共同利益的认知、社会资本的培育，自组织就无从谈起，社区共同体只停留在幻象层面④。因此，从"社区"到"社会"，建立联结纽带是一个核心问题。小区业主容易围绕物业形成一定程度上的利益共识，社区在自治过程中，形成了具有地方性的社区政体，这是社区在应对物业管理市场化浪潮的冲击中发展出的自我保护系统。以业委会为核心建制的社区整体系统能够释放出可观的

---

① 李友梅：《中国社会管理新格局下遭遇的问题——一种基于中观机制的分析》，《学术月刊》2012 年第 7 期，第 13 - 20 页。

② 何瑞文：《网格化管理的实践困扰》，《苏州大学学报(哲学社会科学版)》2016 年第 1 期，第 16 - 22 页。

③ 王小章、王志强：《从"社区"到"脱域的共同体"：现代性视野下的社区和社区建设》，《学术论坛》2002 年第 6 期，第 40 - 43 页。

④ 冯钢：《现代社区何以可能》，《浙江学刊》2002 年第 2 期，第 5 - 11 页。

"制度红利",并有力促进和改善社区的治理状况,增进业主的福祉[①]。

三、合作治理的研究思路和"共建共治共享"的秩序意涵

以上两种理论取向的社区建设过程在时空中是密切联系的。在国家政权建设的过程中,基层社会发育也获得了空间。一方面,社会力量和市场力量在社区中获得了资源汲取、利益表达的空间,尤其是各种基于共同兴趣爱好或者一致价值诉求的社会组织涌现,为社区生活增添活力的同时,也以公益或者互助的形式为社区居民提供了服务。另一方面,国家越来越意识到社区在政权建设中的基础性位置,把行政资源逐步下沉到社区,使社区获得了更多治理资源,夯实了政权基础。

为推进社区治理,越来越多的学者从实践层面探寻解决社区治理问题的路径,一种基于合作的社区治理结构和过程受到青睐,认为合作治理更适合社区多重功能属性、多元治理主体关系。如果从作为理论的合作治理角度来说,显然当前我国的社区治理还不能称为"合作",更类似于"协作"[②],但这并不妨碍人们去讨论多元主体如何围绕公共利益形成合作机制,以其在既有实践的基础上进行合作治理路径的创新。社区层面的公共事务已经越来越依赖一种由多个相关组织参与的决策和执行体系,推动着社区向新型的"共治"模式演变。学者们对经验层面的一些做法进行了研究,比如发挥党组织的领导核心作用,由党组织来促进社区治理主体的互动,让党组织获得发挥社会性功能的组织载体,促进社区党组织与社区治理结构性融合、社区党建与社区治理功能性融合、社区党建与社区治理机制性融合[③],推动社区党组织、居委会、业主委员会、物业管理委员会之间的合作。

第三节 社区治理的模式分析和绩效分析

一、社区治理模式分析

社区建设发轫以来,地方依据社区的禀赋开始探索符合本地经验的治理方

---

① 陈鹏:《城市社区治理:基本模式及其治理绩效——以四个商品房社区为例》,《社会学研究》2016 年第 3 期,第 125 - 151 页。

② 郁建兴、任泽涛:《当代中国社会建设中的协同治理——一个分析框架》,《学术月刊》2012 年第 8 期,第 23 - 31 页。

③ 孙肖远:《城市社区治理的模式转型与机构构建》,《理论探讨》2015 年第 5 期,第 16 - 20 页。

式，形成了一些被学界和实务部门广泛认可的社区治理模式。围绕社区治理中国家、市场和社会的关系特征，学术界对上海、武汉、沈阳等城市的实践进行了概括总结，提出了相应的政府主导型、混合型、自治型三种治理模式，被称为上海模式、江汉模式、沈阳模式。

政府主导型的上海模式。在该模式下，社区的治理主体主要是政府组织，作为政府派出机构的街道办事处实际上已承担起一级行政政府的职能，而在法律规定上是群众自治组织的居委会在实际的治理中被纳入了政府体系。同时，政府对社区的干预比较直接具体，因此从治理主体和治理方式上都形成了行政化治理的特点。当然，行政力量的强势介入并不排斥社会中介组织在社区治理中的功能发挥，也不等于社区居委会可以取代同一层面的拥有决策权、议事权、监督权的社区自治组织———社区成员代表大会和社区议事委员会，相反，政府支持社会中介组织的发育成长，鼓励居民积极参与社区公共事务的管理，“因此在中国街区内部，国家与社会自治空间之间并非一定是此消彼长的关系，而是有可能处于一种共生共长、良性互动的关系，从而形成强国家、强社会的态势”①。

混合型的江汉模式。“混合”主要指社区治理主体由政府组织扩展到社区自治组织和社会组织。当前社区自治组织发育还不够成熟、居民参与机制还远未完善，同时政府仍掌握着关键治理资源的情况下，政府还无法把权力充分让渡给社会，社区自治组织还没有足够的能力代替政府部门组织居民管理公共事务，因此，政府资源与社区资源整合、行政机制与自治机制互动、政府功能与社区功能互补的社区治理之道不失为一种善治选择。

自治型的沈阳模式。“自治”的提出与改革开放以来市场经济中孕育的社会自主性的提高紧密相关，反映了政治改革中基层民主的新变化，在一定意义上体现了经济、政治和社会等在我国基层社区的影响。卢汉龙认为，“当社区在市场化的条件下成为私人生活的公共空间时，当一个介乎公民和政府之间的公共领域开始出现时，社区的管理将是一个自理与治理的过程，任何外力只能起辅助的作用。同时他认为由于政府内部实行科层制，因而多一级政府，就多一级管理成本，这种成本高于社区治理成本”②。在这种模式下，社区自治的主体以社区自治组织和社会组织为主，政府对社区的干预主要是通过制定法律法规和相关政策，以一种间接和协商的方式进行。

① 朱健刚：《城市街区的权力变迁》，《战略与管理》1997年第4期，第42-53页。

② 卢汉龙：《从党政管理到社区管理》，“我国城市社区建设模式讨论会”论文集，2002年11月29-30日，第12-13页。

随着国家、市场和社会力量在社区中的碰撞和交融增多，如何实现三者在社区治理中的合作成为考量社区治理水平的重要方面，实践中开始出现一些合作治理的模式。“一核多元”社区合作治理模式应对的是社区的复合治理形态，社区党组织是“一核”，“多元”包括条块上的行政组织、政府部门、驻区单位、“两新”组织等，这种治理模式的特点是通过党组织来协调“条”与“块”的冲突，整合“条”上的治理权力，凝聚“块”上社区组织的行动①。根据内部性维度（业主决策架构）和外部性维度（物业管理模式），社区治理分为委托模式和自管模式，其中委托模式包括直接—委托模式、间接—委托模式，自管模式包括直接—自管模式和间接—自管模式，为社区走出“寡头化”与“碎片化”的治理困境提供了思路②。

二、社区治理绩效分析

社区治理发展到现在，治理主体发生了明显变化、治理方式存在诸多差异，并因此形成了不同的治理模式。政府因地制宜开展社区治理实践，在社会政策层面和实践探索层面都表达了对更高社区治理绩效的期待。随着政府治理工具从命令——控制式的规制向以绩效为基础的规制转变③，社区研究领域的学者需要回答“我国社区治理的绩效是怎样的”这个理论和实践问题。

社区治理绩效评估是对社区治理目标的实现程度进行评估。政府治理的目标可以确定为可持续的发展、生活质量的普遍提升、可持续的稳定，这些目标的形成有赖于政策质量、社会公共服务、法律保障等的提升④。那么，“共建共治共享”社会治理格局中，社区的治理目标应该包含了国家政权建设理论取向下有效治理单元的目标，也包含了基层社会发育取向下“共同体”的目标，因此，社区治理的目标可以概括开展社区管理和社区服务，实现社区和谐有序。

社区治理的绩效问题已经受到我国一些学者的关注，学者们以社区在基层社会管理与服务中的功能实现作为其治理绩效的评价指标，体现了学界想要通过量化方法来增进社区治理研究知识积累的学术追求。鉴于社区治理的内容宽泛，一些学者从“代表性”的意义上捕捉社区治理绩效的关键指标，将其作为社区治理绩效的测量维度，比如以被访者对居委会服务居民效率高或者很高的评价

① 孙肖远：《城市社区治理的模式转型与机制构建》，《理论探讨》2016 年第 5 期，第 16 - 20 页。

② 陈鹏：《城市社区治理：基本模式及其治理绩效——以四个商品房社区为例》，《社会学研究》2016 年第 3 期，第 125 - 151 页。

③ 毛飞：《绩效基础管制：一种新型政府治理工具》，《新视野》2003 年第 5 期，第 33 - 35 页。

④ 何增科、陈雪莲：《政府治理》，中央编译出版社 2015 年版，第 15 - 16 页。

比例(居委会服务居民的效率)和最近一次居委会选举的投票率(居委会执行行政事务的效率)作为社区治理绩效的测量指标[①]。有学者将个体对自己经济和社会生活的主观满意度作为社区治理绩效的微观维度[②]。

国外学者更多用"社区满意度"和"社区能力"来考察社区治理绩效。社区治理满意度测量的是居民对社区治理相关政策和实践效应的评价，包括居民对社区当前治理状况和未来治理更新能力的评价。社区满意度(community satisfaction)研究的内涵在国外经历了从关注防火系统、垃圾污水排放系统等居住条件(physical conditions)到重视车站、学校等公共服务(public services)，再到聚焦群体关系、组织参与等社会情境(social settings)的转换，涉及的领域越来越全面。与此同时，社区满意度的测量指标也在不断丰富。Campbell 围绕 9 项社区公用设施设计量表测量社区满意度[③]，Goudy 发展出了一个包含对政府向社区供给的服务设施的评价和对社区社会纽带的评价的指标体系，提醒人们关注社区满意度的社会维度[④]。在此基础上，Filkins 和他的同事发展出了一个统合性的指标体系，包含精神、就业、社会属性、社区照户、交通服务、政府服务、环境服务、消费者服务 8 个维度共 25 个指标[⑤]，分析出了每个维度的相对重要性。但是该指标是基于美国社区的情况发展而来，其思路虽可借鉴，但是具体的指标还要根据我国社区的实际情况进行修正。我国尤其是上海的社区满意度应把近些年的治理理念和治理实践考虑进去，比如创新社会治理加强基层建设的开展、小区综合治理的效果、社区治理加强和创新的方式。

国外学者把社区能力理解为社区团体在定义、评估、分析和作用于卫生(或其他关系到社区成员重要权益的方面)的能力增长，并通过实证研究识别社区能力的维度，如 Williams 等发展出的社区能力 6 个测量域，Kemner 等人界定的社区能力 6 个主体。从总体上看，国外对社区能力的界定主要围绕社区资源、满足

---

① 孙小逸、黄荣贵:《制度能力与治理绩效——以上海社区为例》,《公共管理学报》2012 第 4 期，第 29－38 页。

② 吴建平:《社会治理绩效及其影响因素——基于 2015 年全国抽样调查的数据分析》,《国家行政学院学报》2017 年第 3 期，第 77－81 页。

③ Campbell, Angus, Philip E. Converse and Willard L. Rodgers, "The Quality of American Life", *New York*: *Russell Sage*: 1976.

④ Goudy, Willis J, "Evaluations of Local Attributes and Community Satisfaction in Small Towns" *Rural Sociology*, vol.42, 1977, p.371－382.

⑤ Filkins, Rebbecca. John C. Allen, Sam Cordes, "Predicting Community Satisfaction among Rural Residents: an Integrative Model", *Rural Sociology*, vol.65, no.1, 2000, pp.72－86.

居民需求、提高生活质量、解决集体行动问题、促进健康等方面①。

第四节　特大城市社会治理：主体、机制和模式

特大城市蕴藏着我国由传统到现代转型过程中社会结构的复杂变化，其社会治理的主体、机制和模式在实践中都发生着较为明显的改变，一些新的组织力量正在成长，传统的治理主体本身在经历着角色转型和工作机制的再思考。新元素的进入促成了特大城市社会治理模式的更新，一些更加适应城市社区居民生活的治理模式正在生成。本书围绕着近年来上海、南京等特大城市的基层社区治理实践，梳理社会组织、群团组织、居民、党组织这些重要主体在社区管理和服务中的角色、运行机制，发现社区治理中自治、共治等的推进和遭遇的问题。本书探讨了社会组织参与社会治理的绩效评估，尝试在社会治理领域探索可量化、可比较的指标体系，并最终计算成指数。本书亦对其他国家和地区的社区治理路径进行了梳理，归纳出其路径形成的前提条件，进而基于我国的"民情"，提出在新时代加强和创新社区治理，构建"共建共治共享"社会治理格局的思考。

---

① 徐林、方亦儿、薛圣凡：《社区资源禀赋、治理模式与治理绩效》，《浙江社会科学》2017年第3期，第27－35页。

第二章
发展社会组织与推进基层社区治理创新

与西方不同，当代中国基层社会治理的兴起，并不是在“社区衰弱”和社会资本下降的历史背景下提出的，相反，恰恰是因为经济领域系统改革带来的结构性冲击，产生了对基层社会治理（社区建设）“补课式”的现实需求。在这个过程中，党和国家越来越意识到激活来自基层社会生活本身的、协调各种社会关系的机制，即重塑结构意义上的基层社会组织体系的重要性，并以一些西方国家基层社会治理的经验为理论预设，默认发展社会组织能够扭转国内长期以来“弱社会”的局面，形成基层社会治理转型以“自上而下推动自下而上”的动力机制，最终形成多元复合治理的现代基层社会治理格局，实现社会秩序和社会问题的自我维系与愈合。因此，近二十年基层社会治理所呈现的图景是：大量支持社会组织发展的制度和政策被不断生产，社会组织作为基层社会治理的重要主体和治理角色得到了极大的关注，地方政府积极探索在基层社会治理中充分发挥社会组织功能，试图总结出一些具有推广价值的经验模式。然而，近期的研究发现，相较于先前乐观的理论预设，近二十年社会组织参与基层社会治理探索实践并未产出预期的治理效应，也即社会组织的基层社会治理功能并未充分发挥，蕴含于基层社会本身的协调机制并未构建起来，需要我们进一步在中国的历史情境和治理实践中，深挖社会组织功能发挥的诸种社会与制度条件。

第一节 “发展社会组织”作为一种理论预设

20 世纪 90 年代以来，随着经济体制改革深入，原有的城市基层社会组织体系受到冲击并走向解体，而且随着市场化和城市化的快速发展，越来越多的人、越来越多的社会事务和越来越多的社会矛盾汇聚和下沉到社区，城市基层社会管理体制亟需革新。一些学者在吸收国际前沿理论和发达国家经验的基础上，倡导发展民间社会组织，构建基层社会治理体系，同时，宏观政策也不断释放出鼓励社会组织参与基层社会治理的政策信号。在此背景下，理论界和实践部门都预期社会组织将在基层社会治理中发挥重要作用，并由此发展出新的基层社会组织体系，长期积累的基层社会治理困局将迎刃而解。在这种理论预设下，社区社会组织发展迎来了一次难得的机遇。

一、城市基层社会治理转型的实践图景

80 年代以来的改革，使中国社会结构发生了剧烈的变化。应该说，社会领域的变革并非改革的初始目标，但经济领域的改革实际上导致社会结构在不同层次的持续分化，在宏观层面表现为国家与社会逐渐分离，社会作为一种独立于国家体系之外的力量开始形成；①中观层面，以单位制为核心的全能型管理体制在以产权多元化和经济运作市场化为基本内容的经济体制改革的冲击下开始瓦解。在城市基层社会治理领域，其基本逻辑和脉络如下：

（一）城市住房体制改革与单位社区的解体

在总体性社会管理体制中，传统的单位社区被认为是单位体制的重要组成部分，是单位体制在城市基层社会管理中发挥作用的重要载体。90 年代开始的城市住房体制改革，实现了居民个人房屋产权的确认和择居自由，导致了传统单位社区的解体，进而引致单位制管理模式的瓦解和城市基层社会治理的转型。

改革前，以单位制为核心的单位社区是城市基本空间单元。在计划经济时期，作为调控整个城市社会运转的中枢系统，单位制发挥的中枢功能不仅体现在经济运行上，也体现在对城市生活空间的塑造上。单位作为城市社会的基层组织，具有政治、经济与社会的三位一体的功能②，国家通过各种相对分散的独立的单位组织有效地控制了社会成员和社会资源，人们通过单位高度依赖国家和政府。在城市住房领域，城市住房资源的控制和分配表现为国家对城市住房实行全面而直接的垄断，并以单位作为中介实现对住房的再分配，即政府无偿划拨土地，单位出资建房，然后分配给职工居住，住房的所有权归政府和单位所有，由此形成了城市的基本空间单元——单位社区。③ 在单位制和住房实物分配制

---

① 孙立平：《转型与断裂——改革以来中国社会结构的变迁》，清华大学出版社 2004 年版，第 3 页。

② 路风：《单位：一种特殊的社会组织形式》，《中国社会科学》1989 年第 1 期，第 71 - 88 页。

③ 王美琴、李学迎：《城市住房体制改革与传统单位社区的底层化》，《山东社会科学》2011 年第 4 期，第 80 - 85 页。

下，单位社区具有如下特征：一是居住成员的高度同质性，他们几乎都在同一单位或系统工作，彼此之间所面临的问题或矛盾无不通过单位协调和解决；二是单位社区作为一个相对封闭自足的生存空间，为其成员提供生活保障设施和教育文化卫生等福利，成员足不出户即可满足所有的需求；三是成员主要从所属单位获取社会生活资源和个人发展机会，社区的公共事务与公共利益与其个人的关联度较弱，成员参与社区事务的积极性不高，由此形成了以单位社区为载体的，具有高度政治化与组织化特征的基层社会管理体制。

90年代后，随着经济体制改革的全面深入发展，城市住房领域市场化改革方向也明确下来，改革目标是将住房实物福利分配转变为货币工资分配，最终实现住房分配的商品化和市场化。改革分为三个阶段，一是1986—1991年的"提租补贴、以租促售"的住房制度改革阶段；二是1992—1997年的全面推进住房市场化改革阶段；三是1998至今的以住房分配货币化和完善住房保障制度为内容的改革阶段。[①] 改革的结果是，商品房的市场主体地位被确立下来，住房完成了从政府和单位所有向城市居民个人所有的转变，城市居民摆脱了单位的依赖有了自由选择居住空间的自由。随着人员不断地迁入和流出，原来封闭同质的单位社区逐渐解体了，这一方面表现为旧的单位社区逐渐衰弱，成为"城市底层聚集区"，另一方面一些新的具有现代社区要素（如私有空间、公民意识、自治意识和自组织化倾向）的新型城市社区迅速增长，并逐渐取代之成为新的城市基层社会空间。[②] 在这个过程中，建立在原单位社区基础之上的城市基层社会组织体系也随之瓦解，城市基层社会治理面临新的课题。

（二）市场化、城市化进一步加剧了城市基层社会的治理难度

市场化是经济体制改革的重要手段，其在重塑中国经济秩序的同时，也对城市社会治理带来新的挑战。90年代后，随着建立社会主义市场经济改革目标的确定，国家先后推进了企业、机关和事业单位的体制改革，包括建立现代企业制度、改革机关单位后勤体制、对事业单位进行分类管理等。改革进一步加快了原有的"单位人"向"社会人"转变：一方面，改革后涌现了一大批外资企业、私营企业和个体工商户，体制内单位并非人们的唯一选择，大量体制外无单位归属的社会成员出现。同时，随着现代企业制度建立，大批下岗、失业和新兴社会阶层也游离于单位组织之外；另一方面，随着市场化改革的深入，传统单位承担的一些

---

① 罗鹏：《论我国城市住房制度的历史变迁（1978—2007年）》，广西师范大学硕士学位论文，2008年。

② 张敏杰：《住房改革进程中的公民社会发育——以杭州F社区为例》，《浙江社会科学》2008年第5期第30-35页。

服务功能和福利职能逐渐外移，职工对单位的依赖大大减弱，对来自社会的需求日益增长，这些都大大增长了城市基层社会治理的需求。

更重要的是，90 年代中后期，中国开始进入快速城市化阶段，全国城市化率从 1990 年的 26.41%迅速增长至 2000 年的 36.22%，再到 2010 年的 47.50%，年均增长达 1%。城市人口也从 1990 年的 29 971 万人增长至 2010 年的 66 558 万人(见表 2-1)，大量人口从乡村聚集到城市，对城市基层社会治理构成了极大的挑战。国外的发展经验表明，在社会全面分化、城市化高速发展阶段，也是社会矛盾、社会问题频发时期，各类社会阶层向城市空间集中，会产生各种利益需求甚至摩擦。这些新增的事务、频发的矛盾必然聚集在城市基层社会，增加基层社会服务和社会稳定的压力。

表 2-1　20 世纪 90 年代后中国城市人口变化

年份	城市化率(%)	城市人口增长情况(万人)
1990	26.41	29 971
2000	36.22	45 844
2010	47.50	66 558

数据来源:《中国统计年鉴 2010》

(三) 从单位制到街居制再到社区制:城市基层社会治理结构的变迁

随着上述转变的深入，原单位制主导的基层治理结构所赖以存在的社会条件正日渐弱化，城市基层社会治理的结构需不断调整，以适应基层社会治理形式的需要。

如上所述，单位社区蕴含在以单位制为主导的基层社会治理结构中，受经济领域系统性改革的冲击，单位社区和单位制功能逐渐衰落，各单位剥离出来的社会职能越来越多地落到街道和居民委员会身上，国家开始直接面对社会。在这种情况下，国家开始完善和增强街道和居委会的职能体系，形成以街居制为主的城市基层社会治理结构。1980 年全国人大常委会重新颁布实施了《城市居民委员会组织条例》和《城市街道办事处组织条例》等 4 个有关基层组织的法规[①]，强化了城市基层社会治理中“街居制”的地位和作用，随后 1982 年修订的《中华人民共和国宪法》和 1989 年通过的《城市居民委员会组织法》逐渐以法律的形式把

① 注:另外两个法规是《人民调解委员会暂行组织条例》和《治安保卫委员会暂行条例》。

这一体制确立下来。在这个过程中，原单位体系剥离出来的各种社会职能和福利功能被逐渐转移到街道和居委会身上，街道和居委会的管理范围和职责边界被不断扩大，几乎涵盖了基层社会生活的所有方面。进入 21 世纪，以上海、北京为代表的东部城市，开始“两级政府，三级管理，四级网络”的改革探索，改革的核心是不断推动市、区两级政府及其职能部门的权力下放和分权，强化街道层面的行政权力和职能。“两级政府，三级管理，四级网络”的改革模式对全国城市基层社会治理产生了重要影响，各城市大都按照上海、北京的改革思路强化了街居的功能体系，基本形成了当前以街居制为主的城市基层社会治理结构。

然而，随着市场化改革的深入和城市化快速发展，“街居制”的弊端也不断显现出来。一方面随着经济社会的发展和社会结构的分化，社区居民的异质性不断增强，职业身份、受教育水平和收入水平的差异使得人们需求层次和结构变得日益复杂，在政府一元垂直管理下的街居制难以对社区不协调的需求格局进行有效回应；另一方面，随着城市化快速发展，不同阶层人群在城市迅速聚集，城市社会问题变得日益复杂，下岗工人再就业、农民工权益保障、弱势群体救助、流动人口管理、征地拆迁等一系列问题，使得城市基层社会治理中要考虑的因素大大增加，给街居体制带来空前压力，城市基层社会治理面临进一步失灵的风险。党和国家也逐渐意识到，日益封闭的一元化垂直管理显然难以应对日趋复杂的基层治理形势，有效的基层治理需动员更多的社会力量，形成来自社会本身的各种利益协调机制。在此背景下，作为各利益主体活动场域的社区逐渐受到党和国家的关注。1999 年，国家民政部开展了“全国社区建设实验区”的试点工作，鼓励各地根据实际情况探索基层社会管理体制改革，标志着向“社区制”结构转型的城市基层社会治理转型的开始。各地的改革实践，出现了一批典型的社区治理模式，包括沈阳模式、江汉模式、青岛模式、南京模式和北京模式等，这些模式各具特色，如沈阳模式侧重社区治理结构的塑造，形成社区决策层、执行层和监督层的互动机制；江汉模式和南京模式意在理顺社区层面政府机制与社会机制的关系，实现行政调控与社区自治的有机结合等。上述做法尽管侧重不同，但也存在某些本质上的共同性，即克服“街居制”下政社不分、行政化色彩浓厚的问题，推动基层治理中政府与社会的良性合作，实现城市基层社会治理从“街居制”向“社区制”转变。应该说，上述各地进行的社区治理模式探索的初衷是美好的，也一定程度上推动了整体层面的社区建设实践，但阻力不可谓不小，一些地方在探索过程中并未坚持最初的制度设计，在遇到一些困难和阻力后又回到了原来的老路上，并未实现真正意义上的“社区制”治理结构转型。

二、发展社会组织:学术界的倡导

在当代中国,官方推动或倡导的社会生活主轴,往往是理论增长最旺盛的支点,几乎是同时,学术界对正在发育的基层社区亦投入了很多关注。因为观察的视角不同,研究者们从中国的社区建设实践中逐渐开辟出两种不同的研究路径。

第一种可概括为"基层政权建设"的路径,持该路径的研究者发现,20 世纪 90 年代以来,上海、北京等地"两级政府、三级管理、四级网络"的社区建设实践实质是政府通过社区建设将国家权威渗透基层社会的过程,其目标在于重建城市基层社区中带有指令性的行政协调系统,即通过国家完善和强化基层"条""块"行政组织,在行政社区中重建政治权威的合法性,以强化国家的基础性权利。[①] 以 1997 年《上海街道办事处条例》为例,社区建设中许多政策创新和组织创新明显促进了社区权力的重组和分化,政策的指向在于发展和完善处于行政末梢的"街居制",通过城市基层组织体制改革,发展社区"块"层面的组织体系,从而将城市基层社会的管理重心从"条"上的单位下移至"块"上的社区。改革的结果是街区内的行政权力机构由虚拟状态转向一级政府实体,社区成为国家行政的基础单元。[②] 另一种研究路径可概括为"基层社会发育"路径,持该路径的研究者从滕尼斯关于"社区"概念元论出发,认为社区建设就是在国家与社会分离的视野中,寻找一个社会自我发育和社会自治的空间。[③] 根据这种研究路径,基层社会发育是普通市民在政府主导下,利用正在形成中的市场社会所提供的"自由流动资源"和"自由活动空间",构建相对独立于国家的具有一定自主性的"自组织空间",从而在一定程度上形成能"自主"与"自为"的社会自我支持系统。[④] 如徐勇认为"中国城市社区自治组织的建构正由起初的行政主导向自治性复归",[⑤]刘为民认为"社区建设的终期目标是不断增强以社区为微观架构的社会自治理能力"[⑥]等。

上述两种理论取向反映了当前社区建设实践的两个面向,也即中国社区建

① 李友梅:《社区治理:公民社会的微观基础》,《社会》2006 年第 2 期,第 159 - 169 页。

② 朱健刚:《城市街区的权力变迁:强国家与强社会模式——对一个街区权力结构的分析》,《战略与管理》1997 年第 4 期,第 42 - 53 页。

③ 吴晓林:《中国城市社区建设研究述评(2000—2010 年)——以 CSSCI 检索论文为主要研究对象》,《公共管理学报》2012 年第 1 期,第 111 - 120 页。

④ 李友梅:《社区治理:公民社会的微观基础》,《社会》2006 年第 2 期,第 159 - 169 页。

⑤ 徐勇:《论城市社区建设中的社区居民自治》,《华中师范大学学报(人文社会科学版)》2001 年第 3 期,第 5 - 13 页。

⑥ 刘为民:《转型期我国城市社区建设的政治学分析》,《求实》2004 年第 1 期,第 34 - 36 页。

设不仅是国家基层政权建设的过程，同时也是基层社会发育的过程：一方面，国家通过社区建设，使基层政权建设不断加强，政权重心进一步下沉；另一方面，随着社区建设，来自市场、民间社会的力量获得了更大的体制性空间，并初步形成了自身的资源汲取、获得机制与利益表达途径。两个过程的持续双向互动，使得社区层面的公共事务越来越依赖一种由多个相关组织参与的决策和执行体系，意味着"街居制"下的政府单一的主体管理模式逐渐朝向一个新型的"共治"模式演变。

在"社区共治"的话语体系中，"多主体合作" 被视为"共治"的核心要素，其本身就预设了一个能动有力的"强社会"前提。

首先，社区中大量活跃的多元治理主体被认为是"共治"的前提。合作治理的研究者们认为，现代化建设使传统社会中同质、单一、富有人情味的社会共同体，如村落、宗族、邻里等逐渐解体，行会、教会和公社等大量国家权力外的中间组织也大都没落或异变，个人与社会之间的联结发生断裂，社会出现原子化危机，这成为基层社会治理复杂的根源。而社区作为地域社会生活共同体，要真正承担起居民自我组织、自我管理、自我服务的功能，就必须把原子化的个人和利益相关者组织起来，形成涵盖政府、企业、非政府组织、私人机构甚至于个人的多元社区治理主体。

第二，有效的参与，被认为是形成良好社区"共治"的重要条件。社区被认为是各种组织实现其组织目标的行动"场域"，在社区中，政府组织与其他组织之间的关系不再是单纯的管理和被管理关系，而是通过建立合作的关系来实现社区公共目标。在西方，社区共治强调合作网络的权威，将社会组织、市场等力量置于与政府平等的地位。原来由国家发起的社会福利项目，已经转变到通过政府和非政府组织的伙伴关系来安排。一些研究则表明，只有推动居民、商业组织、非营利组织等一起解决问题并采取行动，才会使得社区具有回应性。由此可见，一个能动有效的"强社会"被视为社区"共治"的重要前提条件。

当理论界在兴致勃勃地探讨社区"共治"的模式和治理图景的时候，实践领域却面临着一个尴尬的现实，与理想中社区共治"强社会"的预设相比，实践中社区建设却面临"弱社会"的现实。一方面，独立于国家权力之外的公共组织发展长期受到制约。改革之前，中国长期处于总体性社会结构，国家几乎垄断全部资源，对几乎全部的社会生活实行严格而全面的控制，对任何独立于国家之外的社会力量进行抑制或使之成为国家体制的一部分。[①] 改革后，随着自由空间的出现和不断扩大，独立于国家的社会力量开始发育并不断生长，社会的组织化需求不断提高，各种行业协会、商会、学会逐渐发展起来。但受西方公民社会对抗国家思潮的影响，国家对社会组织发展始终抱有一种防范和限制的心态，在1978年到1988年之前，中国对社会组织的发展主要采取定期清理整顿的做法，后者的生存和发展缺乏法律保障。1988年后我国先后制定了《社会团体登记管理条例》《基金会管理办法》《民办非企业单位登记管理条例》，社会组织的发展虽然有了法律依据，但党和政府对社会组织管理体制体现出强烈的限制和控制取向，为社会组织的成立设立了较高的准入门槛，实行业务主管单位和登记管理机关的双重许可和双重管理体制，社会组织发展长期低迷。2004年随着"构建社会主义和谐社会"目标的提出，党和国家逐渐承认了社团、行业组织和社会中介组织在提供服务、反映诉求、规范行为等方面发挥的积极作用，强调要在社会管理中发挥社会组织的协同作用，党和国家对社会组织发展的态度也随即调整为培育发展与监督管理并重，在这之后，中国社会组织发展才获得新的时代机遇。也就是说，在近半个世纪的基层治理实践中，独立于国家力量之外的公共组织作为社区治理重要主体长期缺位，其对于整合社区自治力量、推动社区凝聚力和自治文化和鼓励社区居民参与缺乏应有的贡献。

另一方面，"共治"格局中社会力量的公共性不足。"公共性"被指具有多重含义，从社区参与的角度，可指能够使个体超越狭隘的自我而关注公共生活，就共同关注的问题展开讨论和行动。[②] "公共性"是促成当代"社会团结"的重要机制，在当前的社区建设中，"公共性"发育不足，被认为是掣肘社区"共治"的重要因素之一。一是作为社区"共治"主体的公众参与不足。尽管近年来国家在多个层面加大了基层民主建设的力度，试图通过营造各种公共事务和参与机制，吸引公众积极参与社区公共管理和服务，但公众参与社区事务积极性并未获得有效提升。二是基层公共组织参与社区社会管理和公共服务的主体意识缺位。长期以来，在全能政府的治理格局中，社区公共力量的作用并非被引向社区共治，而是大部分时间在动员社区居民响应党和政府的政策号召，更多地承担着国家在基层代理人的角色，缺乏参与社区共治的公共性。综上所述，与理想中的社区共治相比，现实中实现基层社会治理转型所需的社会基础相对缺乏。

---

① 孙立平：《转型与断裂——改革以来中国社会结构的变迁》，清华大学出版社2004年版，第3页。

② 李友梅、肖瑛、黄晓春：《当代中国社会建设的公共性困境及其超越》，《中国社会科学》2012年第4期，第125－139页。

后来的学术讨论逐渐接受了实践领域“弱社会”的现实，并意识到治理转型并非遵循“从单边主义到多元共治”的线性逻辑，在缺乏成熟社会基础的环境下，社区治理并非马上能由政府单边治理转向多元力量共治，期间有一个培育“强社会”的过渡期。研究者们在吸收国际前沿理论和发达国家经验的基础上，对于“强社会”的培育路径基本达成共识，如同他们提出的那样：可以通过社区建设营造一种属于社区层面的公共领域，发育一批社会性的自组织，并以某种制度化方式使其参与到城市社区治理的过程，从而增强社区生活的自我实现能力。作为现代社会治理的社会基础和重要主体，发展社会组织被认为对于社会发育，促成“强社会”格局具有重要意义。

首先，社会组织来自公众和民间社会的组织属性，决定了其代表着特定社会群体的利益。因此，在社会利益结构和需求结果高度分化的现代背景下，只有吸纳不同社会组织参与到多中心治理网络中去，通过它们之间的协商和互动，才能更好地协调社会不同利益群体的诉求，建立长效的社会合集自我调节机制。

其次，大多数富有活力的社会组织都具有较高的社会威望和公众信任基础。因此，当这些社会组织进行基层社会治理时，它们具有较强的公信力和社会说服力，可以较好地动员居民以积极、理性、善意的方式来共同维持社会秩序，由此更容易形成具有广泛社会合法性基础的社会秩序。

第三，社会组织可以更为灵活地运用多种社会机制来塑造社会秩序，这种组织特征尤其适用于异质性水平较高的现代社会结构。相比政府部门的刚性运作模式和诸多的“硬约束”，社会组织可以运用各种灵活的手段来动员、引导、教育社会成员，并维持社会秩序。更为重要的是，吸纳社会组织开展社会治理可以有效提升公众自我协调、自我服务能力，从而降低各级政府部门的行政治理成本，形成良性的社会治理体系。①

上述理论预设在成为理论界普遍共识的同时也逐渐为公共部门有选择性地接受和吸纳，进而逐步演化为社会治理转型期一项重要的政策实践。近年来，全国各地方政府都在积极探索在基层社会治理中充分发挥社会组织功能，如上海市民政局通过社区公益项目招投标鼓励社会组织参与社区扶老、助残、济困、爱幼等服务活动，自 2009 年开始吸纳社会组织参与以来，对满足基层社区服务需求、提高公共服务效能发挥了重要作用。总体而言，在基层社会治理转型的时代

---

① 黄晓春、张东苏：《十字路口的中国社会组织 政策选择与发展路径》，上海人民出版社 2015 年版，第 30-37 页。

背景下，社会组织在基层社会治理中的作用和角色得到了不断强化，但另一方面，与理论和观念层面社会组织作为基层社会治理主体的程度和水平相比较，实践层面社会组织参与基层社会治理实践仍面临较大局限和各种复杂因素的制约。

第二节　基层社会治理中社会组织的参与

一、社会组织参与基层社会治理的制度环境

上述梳理可以发现，在基层社会治理转型的历史进程中，学术界和公共政策部门都日益将社会组织看作重塑基层社会组织体制，形成多元利益协调和多边治理格局的重要主体，但是另一方面，相较于观念层面不断深化的认知而言，在实践层面，社会组织参与基层社会治理的制度环境仍相对复杂。也即，社会组织作为基层社会治理主体的观念虽然已被广为接受，但实践中社会组织参与基层社会治理仍面临诸多复杂激励、约束条件。层级之间权威与利益上的差别，导致中央和地方在推动社会组织基层社会治理的政策分异，由此形成社会组织参与基层社会治理多层次、丰富、动态的制度环境。

（一）国家层面支持与控制并存

在中国，国家几乎触及了社会生活的每一个角落，对任何结社和社会参与行为，国家不仅提供了资源、机会和约束机制，也是身份、目标与合法性的重要来源。从这个角度而言，国家为社会组织参与基层社会治理提供了重要的行为框架。从党和国家的政策演变来看，近年来，宏观政策对社会组织参与基层社会治理在多个纬度都存在着暗含张力的政策信号：一方面，国家鼓励社会组织发展的政策更加进取和丰富，采取了许多新政策鼓励社会组织参与基层社会治理和社区建设；另一方面，降低和严控政治风险仍是国家对于社会组织参与基层治理的基本态度。这从近年来党和国家的重要文件中可见一斑。

作为社会建设的重要组成部分，有关社会组织参与基层社会治理的政策散落在党和国家社会建设总体布局之中。在2004年中共中央十六届四中全会报告中，社会建设首次取得了与经济建设、政治建设和文化建设并列的地位，形成了“四位一体”的社会主义现代化事业新布局。在社会组织参与基层社会治理方面，报告强调，要“整合社会管理资源，建立健全党委领导、政府负责、社会协同、公众参与的社会管理格局。……发挥城乡基层自治组织协调利益、化解矛盾、排

忧解难的作用，发挥社团、行业组织和社会中介组织在提供服务、反映诉求、规范行为的作用，形成社会管理和服务的合力”。在接下来的中共十六届六中全会、十七大和十八大上，党和国家不断调整重心，进一步强调了创新社会管理体制，发挥社会组织在基层社会管理中协同作用的重要性。上述政策演进释放了党和国家在宏观导向上鼓励和支持社会组织参与基层社会治理的积极信号。但另一方面，党和国家所释放的这种信号是有侧重的，它突出强调了党委领导、政府负责的地位和作用，重视在社会组织中建立党组织和群团工作站实现对社会组织的严密控制，同时也表明在社会管理格局中，社会组织与党委和政府并非一种平等的合作伙伴关系，而是一种从属、协同、辅助的地位。

十八届三中全会后，党和国家这种鼓励与限制的双重政策思路表现得更为明晰。2013 年被认为是中国创新社会治理元年，在 11 月召开的党的十八届三中全会明确作出了从传统社会管理向现代社会治理转变的历史性决议，提出创新社会治理体制的重大战略任务，要求改进社会治理方式……激发社会组织活力，适合由社会组织提供的公共服务和解决的事项，由社会组织承担……重点培育和优先发展行业协会商会类、科技类、公益慈善类和城乡社区服务类社会组织。这些转变进一步体现了党和国家在宏观上鼓励和支持社会组织基层社会治理的态度。在这之后，中央各部委大量关于发展城乡社会组织和健全基层社会治理体系的政策被不断生产，主要体现在三个方面：一是降低准入门槛，对在城乡开展社区管理和服务的社会组织采取直接登记和街道备案的办法，鼓励支持发展；二是加大对社区社会组织平台和资金支持，鼓励各街道、乡镇建立各类社会组织服务和社工服务平台，通过政府购买服务形式加大对社区社会组织的财政补贴；三是引导和增强社会组织的服务功能，鼓励社会组织在邻里互助、居民融入、志愿服务、纠纷调解、平安创建等领域积极发挥作用。同时，出于政治风险和治理压力的考虑，国家对社会组织参与基层社会治理的限制亦变得更为精确，一方面，进一步突出维护社会稳定和国家安全的重要性，强调在治理格局中发挥党委的领导作用和政府的主导作用。与此对应的是，2015 年，中共中央办公厅印发了《关于加强社会组织党的建设工作的意见（试行）》，加强党对社会组织内部治理的领导；另一方面采取分类控制的策略，明确了选择性培育和优先发展的社会组织的具体类别，为行业协会商会、科技类、公益慈善类和社区服务类社会营造政策空间，而对其他类型社会组织依然采取严格的限制和控制举措。

上述梳理可以看出，支持与控制仍是国家对社会组织在基层社会治理领域功能发挥的基本态度，虽然宏观政策不断释放鼓励党和国家支持社会组织参与基层社会治理和服务的积极信号，但出于政治权威的考虑，社会组织参与基层治理仍存在一些不可松动的领域。

（二）地方层面的复杂态度和多重取向

越来越多的研究指出，因为不同层级上政府角色的差异，在推动社会组织参与社会治理方面，地方比中央更加务实，地方政府不仅仅是中央政府决策的传递者和执行者，也是地方性制度的生产者，在相关政策安排和执行上具有相对自主性，因此地方政府的行为逻辑很难简单地从中央政府政策文本中推演而出。汪锦军指出，纵向多层级的政府结构对我国社会治理进程产生了深刻的影响，纵向多层级的政府结构导致不同层级政府对社会组织参与社会治理态度的差异，导致我们很难用一个普遍的模式来解释社会组织参与基层社会治理的政策环境。①

如前所述，“支持与控制”作为党和国家对待社会组织参与基层社会治理的基线态度，其本身就暗含巨大张力，一方面希望社会组织协助党和政府增强社会治理功能，因而强调支持；另一方面又担心其发展挑战政府权威、影响社会稳定，因而强调引导和管控。宏观政策的这种张力，增加了地方政府从不同角度理解中央意图的可能，并形成地方层面远社会组织参与基层社会治理远比“支持”或“控制”更为复杂的制度环境。我们认为，地方层面在推动社会组织参与基层社会治理存在如下突出的政策取向：

一是严控社会组织参与基层治理的政治风险。近年来，由于宏观政策都或多或少地传递着社会组织能够挑战政治稳定性的政策信号，使得地方各级政府发展社会组织方面面临“一票否决”的考核压力，因此风险控制成为地方层面推动社会组织参与基层治理的优先原则。从上海、广州等地推动社会组织基层治理参与的政策演变来看，风险控制逻辑体现在社会组织参与的各个环节，具体体现在：

（1）加强党对社会组织工作的领导。中央《关于加强社会组织党的建设工作的意见（试行）》出台后，上海、广州等地积极探索在社会组织中发挥党组织政治核心作用的形式和机制，如推动行业组织党组织建设与内部法人治理结构相衔接，鼓励党组织负责人和行业组织负责人双向进入、交叉任职，提倡行业组织负责人担任行业组织党组织书记；建立行业组织理事会（常务理事会）和党组织

① 汪锦军：《纵向政府权力结构与社会治理：中国“政府与社会”关系的一个分析路径》，《浙江社会科学》2014年第9期，第128－139页。

联系会议制度、交叉列席制度、交叉任职制度等。

（2）加强社会组织预警网络建设。以上海市静安区为例，2003年以来，静安区构建了以区、街镇、居委为核心的社会组织三级预警网络，成立三级层面预警网络队伍，洞察社区、楼宇内社会组织活动，及时查处非法社会组织和社会组织违法违规现象。同时，对社区群众活动团队实行备案，利用预警网络平台，加强对群众活动团队引导和管理。

（3）保持社会组织与基层公共权力的适度距离。地方各政府部门普遍担忧社会组织与基层公共权力结合将加剧基层治理的风险。[①] 以上海市松江区为例，近两年，上海市松江区各街镇都在积极推进"区域性议事会"，将辖区自治力量纳入议事会平台，共同解决辖区涉及多方利益的疑难问题。但据作者调研了解，区域性议事会成员一般为辖区各类居民骨干、"两代表一委员"、离退休老干部、社区民警、业委会、物业公司、驻区单位和门店代表等，作为基层社会治理重要主体的社会组织并未纳入平台范畴，原因在于区域性议事会具有一定的公共事务决策权，社会组织的参与将增加平台权力运作的不确定性。

二是严格筛选社会组织参与基层社会治理的重点领域。十八大后，党和国家逐渐将社会组织发展与政府职能转移、提高公共服务水平和化解基层社会矛盾等问题紧密挂钩，要求社会组织在更宽泛的领域发挥作用，但并未进一步细化社会组织的功能清单，这就要求地方政府在实践中发展出更具针对性的制度安排。针对社会组织功能宽泛、类型复杂的治理形势，各地方政府大都作出了优先扶持那些有利于提升公共服务水平但不会挑战政府权威的社会组织。以上海市为例，2016年上海市委出台了《关于进一步推进社会组织参与社会治理的工作方案》，方案明确提出了分类扶持的思路，提出"始终把立足点放在扶持培育发展好社区生活服务类、社区公益慈善类、社区文体活动类、社区专业调处类等四类社区社会组织，使之更好发挥作用"。在"民生政治"的政策导向下，基层治理领域社会组织普遍活跃在社区养老、助残、救助、青少年、外来人口、妇女儿童、婚姻家庭、文体、法律等领域。

三是以项目化为切入点形成对社会组织参与的嵌入性监管。在中央"社会协同、公众参与"的宏观政策推动下，近年来，各地方政府都在积极探索社会组织在基层社会治理领域功能发挥的有效机制。在这个过程中，政府购买服务项目化逐渐成为各地普遍选择，越来越多的地方政府开始大规模向社会组织委托各

---

① 黄晓春：《当代中国社会组织的制度环境与发展》，《中国社会科学》2015年第9期，第146－164页。

类服务项目，如上海市民政局在2009年设立"社区公益服务项目招投标"制度，从福利彩票公益基金划拨专项资金，用于社区公益服务项目购买，现已涵盖社区扶老、助残、济困、扶幼和其他等5大类30个子项。项目化购买作为社会服务供给的重要模式，在满足社会组织发展资金需求和合法身份的同时，也为地方政府监管提供了一种新的路径。十八大后，为了在短时间内形成公共服务购买市场的竞争态势，各地的地方政府在社会组织注册登记上普遍采取宽松的实践态度，降低社会组织准入门槛，社会组织数量迅速增加，原有的"入口式管理"面临失效的风险。在此情况下，发展基于项目过程的嵌入性过程监管成为基层政府的普遍选择。由于项目化本身需要对项目的目标、运作过程、成本核算以及考核方式都作出约定，因此作为发包方的政府各部门就对社会组织日常运作过程进行监管，通过行驶项目监督权，各政府部门对社会组织的资金利用、人员配置、活动组织乃至内部决策都了如指掌，实现了社会组织监管从"入口式管理"向"嵌入性管理"的转变。①

任何组织都不是一个封闭的系统，其发展受所处环境的影响。分析表明，出于政治风险和治理压力的考量，国家层面对于社会组织参与基层社会治理仍是"支持与控制"的双重立足点，但在国家内部，不同地区和级别的政府因观念分歧和风险界定导致地方层面对社会组织参与基层治理的多重取向，当这种复杂的制度取向被社会组织所认知并内化成某种自觉行为的时候，必然对社会组织参与基层社会治理的路径产生深远影响。

二、社会组织参与基层社区治理的微观结构

20世纪90年代以来的住房市场化和私有化改革，形成了以商品房小区为主的城市社区。作为传统单位社区的替代和补充，现代城市社区是一个集"管治""服务""自治"于一体的城市社会治理的基本单元，②一方面，城市社区是国家用以贯彻决策实施过程、实现社会控制和社会整合的治理单元，党和国家通过在社区设立社区党组织和居民委员会行使部分行政管治的职能；另一方面，社区也是现代城市公共服务的基本单元，与人民群众切身利益相关的各项服务，如教育、医疗、卫生、养老、就业等，大都依托社区平台进行提供；同时，社区还是一个

---

① 黄晓春、张东苏：《十字路口的中国社会组织 政策选择与发展路径》，上海人民出版社2015年版，第72-80页。

② 陈家喜：《反思中国城市社区治理结构——基于合作治理的理论视角》，《武汉大学学报（哲学社会科学版）》2015年第1期，第71-76页。

自治单元，辖区居民借助居民委员会、各类群众性团体和社会组织开展自我管理、自我服务活动。城市社区的多元属性决定了社区治理的内涵，它是基层政府和党组织、社会组织、社区居民基于公共利益和社区认同进行的互动合作，共同参与管理社区公共事务、满足社区需求、优化社区秩序的过程。[①]

（一）当前城市社区“一核多元”的治理结构

2000年后，随着城市社区建设在全国的铺开，一方面，党和国家力量不断渗透，在社区的组织触角不断丰富和完善；另一方面，来自社区内部的社区自组织不断发育，一定程度上形成了能“自主”“自为”的社区自我支持系统，逐渐形成了社区层面“一核多元”的治理结构。其中“一个核心”指的是社区党组织，“多元主体”包括社区居委会、社区群团组织、社会组织和驻区单位等。[②] 应该说，“一核多元”的治理结构既是实践探索的结果，也是制度设计的结果，本质上是通过结构性的体制调整，构建新型社区治理体系，其前提是加强党在基层治理的领导，关键在于推动社区参与。问题在于，推动社区参与，就必须明确社区党组织、基层政府和居委会等传统治理主体的功能边界，进而明确社会组织等新型主体的参与空间。在这个意义上，推动基层社会治理创新的中心议题在于正确处理党的领导、政府治理、社区自治和社会组织参与四者之间的关系，因而在讨论社会组织参与之前，有必要对社区党组织、基层政府和社区居委会在社区治理中所扮演的角色进行细描，进而探求在既有治理结构中社会组织参与的功能选择和可能路径。

社区党组织——社区党组织是创新基层社会治理，推动社区参与的领导核心和政治保障。在推动政府管理重心下移、积极推动社区参与的治理形势下，社区党组织的关键在于为新型社区治理体系的形成和有效运转提供政治和组织保障，因此，社区党组织应扮演好如下角色：一是政治领导者角色。领导不是替代和包办，社区党组织应在宣传贯彻党和国家重大方针政策的前提下，通过提议和监督实现对社区重大决策的引导；同时，在社区参与尚未成熟的情况下自上而下地推动，完善社区参与的机制和平台，增强社区各治理主体的参与能力。二是利益协调者角色。社区党组织不仅充分表达社区居民的合法利益诉求，畅通和拓宽与社区居民沟通和联系的渠道，还应积极创设新的组织化表达渠道，降低通过非正常渠道破坏性表达事件发生的概率。三是治理统筹者角色。新型社区治理体系涵盖社区自治组织、群众团体、驻区单位和各类参与型社会组织，如何实现这些治理

---

① 陈伟东、李雪萍：《社区治理主体：利益相关者》，《当代世界与社会主义》2004年第2期，第71－73页。

② 姜力：《民政部试点新型社区管理 部分事务决定权给居民》，央视网：http://news.cntv.cn/20110829/101314.shtml

主体之间的沟通和对话，关系到社区多元治理的成效。社区党组织可以充分利用自身发达的组织网络和人员网络，构建对话、交流平台，协同各方行动，真正在社区治理中发挥统筹全局的作用；四是思想引领者角色，在社区意识、公民精神尚未成熟的情况下，社区党组织应加强社区思想政治教育和公民道德建设，通过积极的文化引导来增强社区居民的公共意识、公益意识、互助意识和团结意识。

社区基层政府——城市基层政府一般指街道办事处，是国家行政管理的末梢。按照元治理理论，政府是多元治理结构中的唯一元治理主体，受传统全能主义影响，政府在基层社会治理中仍扮演着诸多角色，只有真正合理界定并落实基层社会治理中政府行政权和其他主体的参与权，才能为社区参与开辟空间。在新型社区治理体系中，基层政府的角色应定位在如下方面：①规则的制定者，基层政府应该依托相关法规和政策，合理界定社区各治理主体的法律地位，并明确各自的权力范围，同时明确各主体的参与规则、议事规则和决策规则，为各治理主体参与功能的发挥提供保障；②社区治理和服务的支持者，政府作为资源的重要支配者，社区治理离不开来自政府的政策、人力和资金支持。大量活跃的社区社会组织是社区参与的重要主体，基层政府要为社区社会组织提供包括税收优惠、专业性人才培育和必要活动场地方面的支持，同时通过自身的强制性权力保障居民的基本公共服务；③社区治理的管理者，基层政府对社区治理的管理职能主要体现在对社区治理进行协调和监督。协调是协调好社区治理各参与主体，如社区居委会、社会组织、驻区单位和社区居民之间的关系，减少社区参与和共治的阻力，监督是督查城市社区参与和社区自治是否符合国家法律法规和重大方针政策，防止社区治理偏离法治轨道，实现社区依法治理。概言之，政府作为社区治理的管理者，不是对社区参与和自治进行直接干预，而是为其自治功能发挥提供保障。

社区居委会——社区居民委员会是法律上界定的群众性自治组织之一，被认为是社区自治权利行使的重要载体和核心组织，在现实运行中，虽然社区居委会常常与社区党组织合署办公、交叉任职，但作为社区自治组织，在社区治理中承担了许多重要角色：

第一，社区服务者。包括居民权益表达，社区公共服务提供和社区矛盾纠纷处理等。作为群众自治组织，社区居委会理应是社区居民利益的代言人，相较于公民个体上访，依靠社区居委会这一组织去反映和维护自身权益更具有合法性；社区居委会公共服务职能主要体现在为社区居民提供社区公共卫生、文化、教育和基本社会保障等，同时，社区居委会直面广大居民，必然涉及居民间关系的协调，化解邻里矛盾和纠纷。

第二，行政工作的协管者。社区是行政工作的最终落脚点，行政工作有效落实，离不开社区居委会的支持，但是居委会不是政府的职能部门，应理顺与基层政府的关系，确实需要居委会协助的工作，应该坚持权随责走、费随事转的原则委托给社区居委会处理。

第三，社区参与平台的搭建者。包括拓宽社区居民的参与路径，让社区民主选举、民主决策、民主管理和民主监督真正落到实处，同时，通过社区这个平台加强与社会组织、驻区单位的联系，充分整合各种资源，为社区建设和社区参与创造良好的环境和条件。

结构外治理力量——业主委员会和物业公司。很多研究将社区业主委员会视为变革社区治理的结构性力量，但当前"一核多元"的社区治理结构并未将业主委员会和物业公司作为利益攸关方纳入。社区业主委员会和物业公司是伴随着住房市场化改革出现的社区新主体，其是基于产权基础上产生的、代表业主维护房产权益的自治组织，因而在现代商品房社区中，业主才是社区居民的主要成分，业主委员会作为业主与物业公司、居委会打交道的平台，是社区公共事务决策重要影响力量。物业公司作为业主和社区的"管家"，为社区提供安保、绿化、清洁、房屋和公共设施维护、车辆管理等物业服务，其服务范畴与社区卫生、治安和公共事业等社区公共服务职能密切相关，因此物业公司并非纯粹的市场主体，也是社区公共服务的重要主体之一。[①] 但遗憾的是，现有的制度安排并未将社区业主委员会和物业公司纳入社区治理主体范畴，一方面已出台的各类政策文本并未赋予二者参与社区事务的公共空间，大部分地区关于业主委员会的政策文件大都局限于其成立的条件和程序，并未涉及其在社区治理中的具体职能和作用，而物业公司仅被视为市场经营主体被排除在社区公共事务范畴之外。这都是基层社会治理创新亟需突破的地方。

（二）基层社会治理中社会组织的角色取向

社会组织是现代国家重要的行动主体。在当前体制内，社会组织的功能发挥水平取决于国家接受程度。在我国，社会组织在基层社会治理中的角色重心随着"社会建设"政策范式[②]的演进不断丰富和深化，大致可划分为三个层次和阶段：

① 陈家喜：《反思中国城市社区治理结构——基于合作治理的理论视角》，《武汉大学学报(哲学社会科学版)》2015 年第 1 期，第 71 - 76 页。

② 黄晓春、张东苏：《十字路口的中国社会组织 政策选择与发展路径》，上海人民出版社 2015 年版，第 21 - 27 页。

一是作为公共服务提供者，满足社区多元化服务需求。这个角色的赋予与“以民生为重点”的社会建设思路密切相关。为了应对90年代以来“泛市场化”政策导致的公共服务水平大幅度降低，社会矛盾激化的问题，新世纪后，“以民生为重点”的社会建设逐渐成为新的改革共识，标志性的事件是党的十六届六中全会通过的《中共中央关于构建社会主义和谐社会若干重大问题的决定》，提出要“以解决人民群众最关心、最直接、最现实的利益问题为重点”。在这个过程中，为了弥补政府公共服务角色的不足，社会组织作为公共服务主体的角色逐渐得到加强。2011年2月，胡锦涛总书记在省部级主要领导干部社会管理及其创新专题研讨班上明确强调要“推动社会组织健康有序发展，支持和引导各类社会组织加强自身建设、增强服务社会能力，参与社会管理和公共服务”，为引导社会组织发挥社会服务作用提出了明确要求。在基层社区，社会组织提供公共服务无外乎两种，一是政府难以有效满足的差别化、个性化服务，如社区空巢老人服务站、残疾人康复站、托养中心等社区服务社会组织，为老年人、残疾人、无家可归者、妇女儿童和失业者等提供了保护和支持，为需求较高的人提供额外的公共物品，为需求特殊的人提供特殊的公共物品等；二是政府部门难以捕捉的社会新的需求，社会组织由于立足基层，能够及时根据特定社区情况进行针对性的项目设计和服务，通过灵活有效的方式提供相应的服务，如上海各街镇建立的社区生活服务中心提供各种生活服务，及时有效地解决了社区居民的急、难、愁事，还有如各类由社会组织组建或运营的老人活动室、医疗站、残疾人服务中心等一批社区服务机构，为社区特殊群体提供特殊服务。总之，相较于政府提供的标准化、规模化的公共服务优势而言，社会组织更适合提供满足居民个性化、多元化需求的社区公共服务。

二是作为社区治理主体，承担社区事务、化解社区矛盾。这与加快政府职能转变，创新社会治理的社会建设政策思路有关。中国正处于社会转型期，社会结构日益分化、利益关系趋于多元，各种社会矛盾频发，给基层社会治理带来了极大的挑战。在此情况下，单靠政府一元化管理显然不行，有必要加快政府职能转变，有效动员来自社区生活本身的各种力量，形成多元主体参与的利益协调机制。标志性事件是党的十八届三中全会，明确提出“激发社会组织活力，正确处理政府和社会关系，加快实施政社分开，推进社会组织明确权责、依法自治、发挥作用，适合由社会组织提供的公共服务和解决事项，交由社会组织承担”。作为社区治理主体，社会组织的功能可概述为：首先，承担社区事务性工作，促进基层政府职能转变。社会组织通过承接社区评估、调查、培训、鉴定、调解、维权等社区工作，使基层政府在社区管理中的职能角色获得了重新定位，从“怎样把居民管得住”，向“怎样使居民过得好”的方向转变，减少了基层政府压力，促进政府职能转变，方便了社区群众；其次，化解社区矛盾，维护社区稳定。在基层社区，社会组织可以协助政府相关部门有效地把矛盾化解在基层，成为维护社会稳定的减压阀和安全阀。如社区帮教小组、温馨家庭、心理咨询机构等，配合街道、社区，关心帮助失足的青少年、刑满释放人员等一些社会边缘人群，促使他们转化；社区的人民调解组织，进行居民纠纷调解，解决分歧和冲突等；最后，动员社区成员参与，培育社区社会资本。在当今急剧的社会变迁过程中，人们的社会价值观发生了嬗变，社会成员的疏离感加深，导致对政府、对市场、对他人的信任衰减。社区社会组织作为中介，加强了社会成员的参与，重建了社会资本和社会规范，形成了互惠、信任、合作等规范，同时开展各种社会服务和公益活动，发动社区群众参与，提升居民的参与感、获得感。

三是作为利益平衡机制，维护社区公平正义。当基层社会治理体系和治理现代化达到一定程度和水平后，社会组织的功能应进一步定位为社会利益的机制化表达平台、社会利益博弈的中介和基层民主的重要渠道，诸类安排的关键在于在高度分化的现代社会，将分散化的利益纳入机制化的管道，从而通过利益组织化开展有序的、有效的公众参与，形成一种结构性力量节制资本、规制政府，避免利益的秩序性冲突。

三、社会组织参与基层社区治理的项目化路径

随着“政企分开”和“政社分开”改革的深入推进，社会逐渐成为一个相对独立的提供资源和机会的源泉，各类社会组织开始作为独立的资源占有主体介入基层社区治理的实践，通过专业化的服务提供，获得来自政府和社区居民的合法性认同和持续性的发展空间。在此过程中，社会组织通过与基层政府、社区党组织、社区居委会等既存的治理主体的正式、非正式的关系建构，逐渐形成了购买服务项目化的参与路径。

在政府购买服务项目化的参与路径中，政府通过“授权式”的“外包”或“购买”的方式，以服务项目为载体，引导社会组织参与到社区治理中，既实现了社区公共服务供给从单一主体向多元主体参与的转变，也改变了政府向社区投入资源的决策方式，形成了自下而上的、由内向外的以居民需求为驱动的权力和资源分配体制。社会组织则通过对服务或项目的承接，既获取了组织生存和发展所需要的各种资源，又实现了组织非营利性、公益性的价值追求。可以说通过项目

制运作,基层政府、社区居委会与社会组织实现了某种程度上的合作共赢。[①]

为了进一步反映社会组织项目化运作参与基层社区治理的过程和特征,研究选取了上海B区社区公益服务项目政府购买的实践,作为深入剖析社会组织参与基层社区治理路径的典型案例。作为公共服务和社会治理改革创新一线前沿城市,上海早在2009年就启动了政府购买社区公益服务项目的实践,但B区作为上海传统的重工业区县,基层社区治理创新的探索相对滞后,直到2015年11月才启动区级层面的政府购买社区公益服务项目的探索,成立了B区社会组织服务中心,作为区民政局和社建办的代理机构,负责B区社区公益服务项目的招投标工作。2016年8月,B区启动了首届社区公益服务项目招投标评审工作,共购买了93个社区公益服务项目,项目领域涉及为老服务、青少年服务、助残服务、精神健康促进服务、社区公共文化服务、物业指导中心建设以及公共安全、劳动就业服务和社区研究类服务等,基本涵盖了社区所有的公共服务需求。

B区作为近年首次尝试政府购买社区公益服务项目的地区,其目标、相关工作机制、成效都处于摸索阶段,尚未定型,为我们研究社会组织参与基层社区治理提供了很好的观察视角。2016年8月起,作者对整个购买项目招投标过程以及部分项目的后期实施进行了持续观察,获得了大量关于社会组织项目化运作参与社区治理和服务的资料,资料鲜明地反映了项目化购买路径的如下特征:

(一) 项目招投标过程存在明显的"内部化"取向

观察中我们发现,B区参加社区公益服务项目招投标的大部分社会组织(除去非本地社会组织)都成立于首届区政府购买社区公益服务项目(2016年3月)前后,且都是作为需求方的街镇基层政府发起或倡导成立的,有些甚至在参与招投标后才完成民政注册程序,基层街镇政府与社会组织之间的这种购买关系存在明显的"内部化"取向,社会组织实际成为"拨付体制"[②]改革后基层政府的延伸机构,在项目服务中成为政府新的"腿"和"脚"。

(二) 项目化运作过程中政府与社会组织的"管家"关系

管家关系相对于基于合同契约的委托代理关系,其核心特征表现为:管家与委托人的目标高度一致,即使存在差异,管家也会改变自身的策略尽量使目标与

---

① 尹广文:《项目制运作:社会组织参与城市基层社区治理的路径选择》,《云南行政学院学报》2017年第5期,第127-133页。

② 公益招投标制实施之前,上海市福利彩票公益金除上缴中央和节流部分外,剩余部分大都下拨至各区县,由各区县直接组织实施社会服务,或进一步分解到街道或民政事业单位,属于典型的拨付体制。公益招投标制度实施后,由市民政统一组织向社会公开招标。

委托人目标一致；管家关系是基于双方相互信赖而非合同契约建立的；管家关系的建立依赖非完全的市场化和竞争。[①] 在B区的社区公益项目购买中，基层街镇政府更倾向于发展与社会组织的这种管家关系，一方面在于避免过于严格的合同管理，试图对社区组织运作施加非正式的影响，使社会组织参与社区治理的活动在自身意志内进行；另一方面试图与社会组织合谋，影响区民政部门的发包政策，增强自身对项目资金的支配能力。这种管家关系模式的后果是进一步将社会组织纳入基层行政体系，弱化了社会组织参与基层社区治理的自主性。

（三）社会组织项目化参与社区治理

社会组织项目化参与社区治理，其背后的逻辑实质依然是一种政府发包体制，各政府部门通过对权威和资源的垄断性占有，采用一种单向度的控制方式，以项目制的形式，把原来由政府部门及其派出机构所承担的社会公共事务转接给各类社会组织。在此过程中，地方政府作为服务的购买方，以财政资金的转移性支付的发包方式，通过组建社会组织、项目的定向招标、项目实施过程的嵌入型监控以及较为严格的项目评估等形式，实现了对大量社会组织的管理与控制。[②]

购买服务项目化作为一种公共服务手段已成为社会组织参与基层社区治理的一种主流路径，越来越多的政府部门试图通过购买服务项目化与社会组织合作，使自身条线工作在基层社区落地。社会组织通过项目化运作参与基层社区治理的路径不仅迎合了国家从“一元化”主导社会治理格局向“多元化”社会各主体参与的总体性转变，反映出政府职能的转变和“小政府、大社会”社会治理格局的形成，另一方面也搭建了一条社会组织参与基层社区治理的合法化路径，拓展了社会组织参与基层社区治理的可能空间。

第三节　社会组织参与基层社区治理的绩效评价

一、社会组织参与社会治理绩效评价的资源条件

社会组织参与社会治理在我国尤其是上海已经实践多年，目前，学界和实务部门关于社会组织和社会治理的讨论比较丰富，但对社会组织参与社会治理的绩效还关注不够，从而无法科学地把握社会组织发展对于社会治理体系和治理

---

① 敬乂嘉：《社会服务中的公共非营利合作关系研究——一个基于地方改革实践的分析》，《公共行政评论》2011年第4期，第5－25页。

② 王向民：《中国社会组织的项目制治理》，《经济社会体制比较》2014年第5期，第130－140页。

能力现代化的促进情况，无法采集社会组织提供服务对于人民群众认同感、参与感、获得感的增强情况。随着社会组织的发展和社会治理的推进，具有前瞻性的实务工作者和学者越来越感到建立一种科学有效的评价模型的迫切性。尤其对于公共服务型的社会组织，对其参与社会治理绩效进行评估存在比较有利的资源条件。

（一）国家对公共服务型社会组织的认同较高

许多学者在研究中发现，在中国社会组织总体制度环境严格的情况下，公共服务型社会组织的制度环境展现出一种较宽松的特征。无论是在一些学者提出的“分类控制与行政吸纳社会”的管理模式中，还是在一些学者所主张的“限制”模式中，研究者都发现，制度总会对公共服务型社会组织进行一种在识别基础上的有意区分，因而表现出“差异”和“柔性”的面向。

培育社会组织和创新社会组织管理体制是长久以来关乎社会组织发展的两个重要议题。在第一个议题中，近年来中央大力推动“政府购买公共服务”，在转变政府职能的政策预期下，发展出了培育社会组织的一个重要机制。1978 至 2003 年间，社会组织在公共服务中只是补充性力量，而 2003 年以来，社会组织成长为公共服务的合作力量，这在一定程度上体现出中央政府对公共服务型社会组织态度的转变和认同的提高。随着政府向社会组织购买公共服务的领域和规模扩大，许多公共服务型社会组织的主要经费来源于政府。特别是自 2013 年国务院发布《国务院办公厅关于政府向社会力量购买服务的指导意见》以来，中央财政投入了大量资金来向公共服务型社会组织购买服务。比如，民政部自 2010 年开始中央财政支持社会组织参与社会服务项目至今五年间，共投入 10 亿元，用来购买社会组织的社会救助服务、社会福利服务、社区服务、专业社工服务等。①

在第二个议题中，目前也已经有了突破。2013 年民政部提出包括公益慈善类和城乡社区服务类在内的四类社会组织可以依法直接向民政部门申请登记，不再经由业务主管单位审查和管理。对于公共服务型社会组织来说，该政策使其摆脱了“双重管理体制”的诸多束缚，组织生存发展的制度环境明显改善。一大批公共服务型社会组织的出现和规模的扩大，使政府的职能转移有了一定的组织基础，公共服务也随之获得了量的积累。截至 2016 年底，全国社会服务事业费支出 5 440.2 亿元，比上年增长 10.4%，占国家财政支出比重为 3.4%。中央

① 据中华人民共和国民政部官方网站 2010—2015 年发布数据测算。

财政共向各地转移支付社会服务事业费 2 484.0 亿元，比上年增长 9.4%。[①]

（二）培育发展公共服务型社会组织的局部政策创新活跃

地方政府在中央发出的政策信号下，结合本地情况，积极开展社会组织领域的政策创新。在具体实践中面对类型多样的社会组织时，地方政府总会有特定的目标设置和选择偏好，而公共服务型社会组织与地方政府的社会建设、社区治理等更为显在的治理任务契合度最高，再加上这类社会组织的制度环境更为宽松，因此创新的空间也更大，风险更低。在治理资源有限的情况下，培育发展此类社会组织对于地方政府来说是一种更为经济的做法，因此在公共服务型社会组织领域的政策创新就应运而生。以 6 届“中国地方政府创新奖”入围项目为例，其中和国家与社会协同治理相关的 92 个项目中，20 个项目是关于政府与公共服务型社会组织的互动实践方面的创新，比如河北省石家庄市“少年儿童保护教育中心”项目、浙江宁波市政府购买居家养老服务项目、北京市大兴区参与式社区治理与社会服务项目化管理项目、上海市普陀区社区民间组织管理体制改革项目、广东省深圳市社会工作的民间化专业化项目。

在围绕社会治理所展开的“锦标赛”中，地方政府都希望能够有所作为，为地方治理绩效加分。这样，政策创新就具备了较稳定的动力机制。比如在社会组织政策创新活跃度高的深圳和上海，政府向社会组织购买公共服务的资金投入占比更大、政策细分程度更高。政策推动了一大批公共服务型社会组织涌现出来，成为地方政府开展社会治理的合作伙伴，也成为政府职能转型、社会力量参与的强有力证据，标志着城市政治民主和社会文明的进步。更重要的是，政策创新所带来的积极后果反过来又会促进相关部门的积极性，由此可能在某种程度上形成了地方政府政策创新的生成机制。上海社会组织的数据显示，公共服务型社会组织占六成左右，远远高于全国 40%的比例，这一结果受益于上海市民政局推进直接登记“一步到位”，并探索“负面清单”管理政策。

（三）对当前阶段社会组织参与社会治理评价的着力点有一定探讨

长期以来，受历史情势和政治传统的影响，政府在我国社会管理中承担着几乎全部的事务，也实际上成了社会管理的唯一主体。2004 年党的十六届四中全会“构建社会主义和谐社会”战略目标提出以来，随着“社会建设”的持续深入，社会组织作为社会治理主体之一的角色不断强化，特别是党的十八届三中全会明确提出要“激发社会组织活力……适合由社会组织提供的公共服务和解决的事

① 民政部，2016 年社会服务发展统计公报。

项，交由社会组织承担”，寓意了社会组织在国家治理现代化格局中的重要位置。理论上，学者们对社会组织参与社会治理的图景进行了多重描绘，如在政社关系层面，强调转变政府职能、加强社会协同；在参与过程层面，强调社会组织自身的主体性、独立性和自主性等。

从一定意义上说，学界和实务工作者把社会组织参与社会治理放在我国政治、经济、文化和社会发展的宏观脉络中，力图找准当前状况所处的历史阶段，进而理性地对现状给出客观的分析，并指出进一步发展的方向和需要注意的问题。基于中国特定国情和治理体制，实践领域中的社会组织参与社会治理更多地展现出如下特征：

第一，“参与”而非“主导”。在当前乃至今后长期时间里，政府仍然是社会治理的主导力量，这决定了在社会治理的格局中政府与社会组织之间并非平等的合作关系，而是领导、主导与协同、配合的关系。

第二，社会组织“参与”深深嵌入于社会治理水平提升和公共服务提供模式优化的政治和社会发展目标中。只简单追求组织自身维持和发展，将容易迷失在“专业化”中、忽略中国对社会组织的当前期待，社会组织通过“参与”而获得的能力滋养也会大打折扣。

第三，社会组织本身作为“社会”的一部分，既是社会治理的主体，也是社会治理对象的应有之义。一方面，社会组织是不同人群的利益倡导者和服务提供者，体现着社会主体的活力；另一方面，社会组织在相应的制度框架中开展服务，是有序社会的一部分。也就是说，社会组织的有序参与既是推动社会治理提升的动力，也是良好社会治理的体现。

基于以上背景和判断，本课题提出社会组织参与社会治理绩效评价的内涵和外延：首先，提升社会治理水平和满足公共服务需求是社会组织参与社会治理的目标，因此评价并不是单纯地评价社会组织本身的发展情况，而是要反映社会组织参与对社会治理和公共服务的促进情况；其次，当前的社会治理格局仍然是以政府为主导，社会组织的有效参与离不开政府引导和支持，因此政府相关政策、机制是影响社会组织参与社会治理绩效的重要因素；最后，在参与治理的过程中，社会组织既是社会治理的主体，也是社会治理的对象，社会组织自身发展状况也是社会组织参与社会治理水平的重要体现。

二、社会组织参与社会治理的评价维度和指标设计

构建社会组织参与社会治理的评价模型，本课题认为需要围绕三个方面的

具体问题展开思考：从什么角度来进行评价，科学遴选和测量评价指标，应用和检验修正评价模型。由于社会组织内部具有较大差异性，在构建评价模型时，不同服务领域和不同资源类型的社会组织的具体评价指标可能有一定的差异。基于研究课题的主要目标和时间限定，本次研究主要致力于构建一个对各类别社会组织参与社会治理绩效具有指导性的评价模型，在后续的分类别评价中，可以根据社会组织参与的具体情况进行局部修正。

在国内，虽然关于社会组织参与社会治理评价的系统研究还没有，但相关领域的评估研究对此已有涉及。如俞可平提出的“中国治理评估框架”和“中国社会治理评价指标体系”，就将社会组织参与社会治理情况作为社会参与的重要指标，涉及“社会组织发展状况”“社会组织的制度环境”“社会组织对国家政治生活的影响”“万人社会组织数量”等指标要素；史传林提出的“政府与社会组织合作治理绩效评价指标体系”评价了社会组织与政府合作治理的产出，包括“社会组织发展”“社会管理和公共服务改善”“合作治理的政治效益和社会效益”等方面；还有徐家良团队的“中国社会组织发展评估报告”，也从社会组织“工作绩效”和“社会评价”方面体现了对社会组织参与社会治理评价的关注。总的来说，国内对社会组织参与社会治理评价的探索尚处于起步阶段，科学、系统的评价指标体系尚未发现。

在国外，社会组织参与社会治理评价主要体现在各种公共服务评价和顾客满意度指数之中，其中影响较大的是“SERVOQUAL”服务质量测量模型和美国顾客满意度指数(ACSI)。“SERVOQUAL”服务质量测量模型，包括可靠性(Reliability)、保证性(Assurance)、有形性(Tangibility)、移情性(Empathy)和响应性(Responsiveness)5 个维度 22 项测量指标；美国顾客满意度指数(ACSI)测量变量包括感知质量、感知价值、顾客期望、顾客抱怨、顾客忠诚和 ACSI 六个潜变量 15 项测量指标。在公共服务项目领域，使用较多的是案主/客户满意度(Client Satisfaction)模型，其最广泛的测量工具是 CSQ-8 问卷及其简化版 CQS-4。虽然国外关于社会组织参与社会治理评价研究的层面不一样，但不同层面的分析视角为本课题评估指标体系的构建提供了很好的思路。另外，这些研究中的指标体系内容也多有重合，有的指标内容可以直接在不同层面相互借鉴与运用。

国内的评价研究更倾向“以治理主体(政府、社会组织等)为中心”，关注治理过程中各主体的活动及其产出、效能等，评价指标以客观指标居多，而国外的评价研究更倾向“以公众为中心”，关注治理过程中公众的感知和满意度，评价指标以主观指标为主。二者的结合给我们带来了如下有益的启示：首先，社会组织参与社会治理评价不仅要关注社会组织的活动和过程，还要反映其对社会治理绩效和公众满意度的影响；其次，建立一套适用于测评上海社会组织参与社会治理状况的指标体系，应当遵循一些共同的原则。例如，指标体系必须具有简便性、实用性和操作性，数据材料容易获得，评估活动也切实可行；指标体系重点测量社会组织参与社会治理现状，也要反映未来参与治理的趋势；指标的设置要做到主客观相结合，既有反映治理状态的客观数据，又有市民对社会组织和社会治理状况的主观评价等；既要体现"活力"和"有效性"，也要体现"有序"和"合法性"。

开展社会组织参与社会治理评价的根本目的在于检视上海多年来发展社会组织的成效，科学地把握社会组织发展对于社会治理体系和治理能力现代化的促进情况。因此，社会组织参与社会治理评价指标体系，既要反映上海市委市政府促进社会组织参与社会治理的重大政策和部署，如政府购买服务、社会组织服务中心建设等，都应当在指标体系中有所体现；也要反映社会组织参与对社会治理和公共服务水平的增进情况，如扶老、助残、救孤、济困等民生服务；同时也要反映作为参与主体的社会组织的发展情况，包括组织网络发展、专业化发展等。所以，综合起来考虑，围绕着"参与"，我们从参与支持、参与成长和参与贡献三个维度对社会组织参与社会治理进行评价。

确定了评价维度之后，我们借鉴国外公共服务领域较成熟的评价指标，同时结合本市社会组织参与社会治理的实际情况，通过小型座谈会、头脑风暴和专家打分等方法，细化各个维度的关注点，构建社会组织参与社会治理指标体系（见附件），并通过小规模测验检查指标体系的信度和效度，并进行修正。最后形成一个含"评价对象""流程说明""评价指标体系""指标说明与评价办法""社会组织参与社会治理指数测算办法"等部分的社会组织参与社会治理评价体系。

（一）参与支持维度

参与支持维度反映整体环境对社会组织参与社会治理的支持程度。在国内，社会组织作为主体角色参与社会治理的实践较短，社会组织自身发展尚不成熟，来自政府和社会的支持直接影响其参与社会治理的水平。课题组从上海市社会组织参与社会治理的宏观政策和社会环境出发，选取了5个指标来衡量环境对社会组织参与社会治理的支持程度。这5个指标是：社会组织服务中心规范化建设水平、购买社会组织服务占公共服务总支出比重、购买社会组织服务覆盖率、社会捐赠占社会组织总收入比重、注册志愿者占辖区总人口比重。

A_{11} 社会组织服务中心规范化建设水平

按照上海市推进社会组织参与社会治理的总体部署，社会组织服务中心是党委、政府联系社会组织和群众的重要桥梁和纽带，是服务社会组织参与社区治理的重要载体。近年来，在市委、市政府的高度重视下，全市大部分区（县）、街道（乡镇）已建立民办非企业单位性质的各类社会组织服务中心，在承接政府转移事项、整合各方资源、满足居民需求等方面发挥了积极作用。作为社会组织参与社会治理的重要支持平台，社会组织服务中心的规范化建设水平被认为是推动本地区社会组织参与治理的重要影响因素，一般来说，社会组织服务中心规范化建设水平越高，其在承接政府职能、整合各方资源、推动社会组织参与社会治理方面支持性越强。

指标计算方法：目前上海市已经形成了一套完备的社会组织规范化建设评估体系，可以根据规范化评估等级确定社会组织服务中心的规范化建设水平。

A_{12}购买社会组织服务占公共服务总支出比重

大力推进政府购买服务是当前加快转变政府职能、创新社会治理和优化公共服务提供的重要举措，能够充分发挥社会组织在公共服务体系中的独特优势，激发社会组织参与社会治理的活力。目前，政府购买服务已经成为本市社会组织参与社会治理的重要路径，购买社会组织服务占公共服务总支出比重有助于衡量各级政府在推动社会组织参与社会治理方面实际努力程度。

指标计算方法：

$$\text{政府购买社会组织服务占公共服务总支出比重}=\frac{\text{政府购买社会组织服务支出}}{\text{公共服务总支出}}\times 100\%$$

A_{13}政府购买社会组织服务覆盖率

如上所述，当前政府购买社会组织服务已经成为社会组织参与社会治理的一项重要推动机制，而作为一项重要机制其作用范围很大程度上影响着社会组织参与社会治理的程度。政府购买社会组织服务覆盖率能够反映政府通过购买社会组织服务推动社会组织参与社会治理的范围。一般而言，政府购买社会组织服务覆盖的社会组织数量越多，该项机制对社会组织参与社会治理支持力度越大，社会组织参与社会治理水平相对更高。

指标计算方法：

$$\text{政府购买社会组织服务覆盖率}=\frac{\text{承接政府购买服务项目社会组织数量}}{\text{社会组织总数}}\times 100\%$$

A_{14}社会捐赠占社会组织总收入比

除了政府平台和机制，来自社会的支持对社会组织参与社会治理亦有重要影响。社会捐赠指的是来自社会的个人、法人或其他团体出于爱心自愿无偿地向公益性社会团体、公益性非营利单位捐赠财产、物资进行帮扶、资助行为。社会捐赠占社会组织总收入比能够反映社会对社会组织活动的支持力度。

指标计算方法：

$$社会捐赠占社会组织总收入比=\frac{社会组织接受社会捐赠收入}{社会组织总收入}\times 100\%$$

A_{15} 注册志愿者占常住人口比例

除了社会捐赠，来自社区居民的行动支持对社会组织参与社会治理也有很大影响，一般认为，来自居民的支持是社会组织开展活动的重要条件。现阶段，居民对社会组织的支持大都体现为志愿服务，因此，注册志愿者占辖区常住人口比例从很大程度能够反映单位地区社会成员对社会组织参与社会治理的支持情况。

指标计算方法：

$$注册志愿者占辖区常住人口比例=\frac{在册志愿者人数}{辖区户籍人口总数}\times 100\%$$

（二）参与成长维度

参与成长维度是指参与社会治理过程中社会组织发展状况。就社会组织参与社会治理绩效而言，发展社会组织既是提升参与绩效的一种投入，也是体现绩效水平的一种产出，因此参与过程中社会组织发展状况是衡量社会组织参与社会治理水平的重要维度，也即，社会组织发展水平越高，其参与社会治理水平越高。可以用 6 个指标来反映参与过程中社会组织发展水平：万人社会组织数量、社会组织服务领域均衡率、社会组织规范化建设达标率、社会组织服务人员持证上岗率、社会组织发展可预期性和社会组织合作指数。

B_{11} 每万人拥有社会组织数量

经过十多年的政策实践，社会组织作为社会治理主体角色逐渐被各级政府所认可。一定规模活跃的社会组织，既被认为是社会组织参与社会治理的重要前提，也是单位地区参与治理水平的重要体现。万人社会组织数量能够反映单位地区社会组织发展水平和活跃程度。

指标计算方法：

$$每万人拥有社会组织数量=\frac{社会组织数量}{辖区户籍人口数\div 10000}\times 100\%$$

B_{12} 社会组织领域分布均衡率

随着经济社会发展和国家政策的鼓励，越来越多的社会治理领域正向社会组织逐步放开，这就要求社会组织的参与实现能够有效辐射社会治理各领域，实现各领域服务的均衡。社会组织领域分布均衡是指单位地区社会组织领域分布状况与当地各领域服务需求状况相匹配，而各领域服务需求状况可以通过各领域服务对象的数量来反映。

指标计算方法：

$$\text{社会组织服务领域均衡率} = \sum \frac{\text{领域内社会组织数量}}{\text{领域内服务对象人数} \div 10000} \div \text{领域数} \times 100\%$$

B_{13} 社会组织规范化建设率

社会组织规范化建设是社会组织加强自身建设和能力建设，提高社会公信力的重要途径，社会组织规范化建设达标率可被认为是衡量单位地区社会组织参与治理能力的重要指标，一般认为，辖区社会组织规范化建设达标率越高，社会组织参与社会治理能力越强，参与治理水平越高。

指标计算方法：

$$\text{社会组织规范化建设率} = \left(\frac{\text{5A 级社会组织数量}}{\text{社会组织总数}} \times 0.4 + \frac{\text{4A 级社会组织数量}}{\text{社会组织总数}} \times 0.3 + \frac{\text{3A 级社会组织数量}}{\text{社会组织总数}} \times 0.15 + \frac{\text{2A 级社会组织数量}}{\text{社会组织总数}} \times 0.1 + \frac{\text{1A 级社会组织数量}}{\text{社会组织总数}} \times 0.05 \right) \times 100\%$$

B_{14} 社会组织服务人员持证上岗率

社会组织专业化程度直接影响着社会组织参与社会治理的能力和水平，可以作为衡量社会组织参与社会治理水平的重要指标。社会组织专业化程度可以通过其内部服务人员专业化程度体现出来，也即社会组织服务人员持证上岗率越高，社会组织专业化程度越强，参与社会治理的能力和水平越高。

指标计算方法：

$$\text{社会组织服务人员持证上岗率} = \frac{\text{辖区社会组织持证服务人员数}}{\text{辖区社会组织服务人员总人数}} \times 100\%$$

B_{15} 社会组织发展可预期性

社会组织发展可预期性是指社会组织对所属领域发展前景和长期态势有着乐观的判断和良好的预期。作为一个理性组织，社会组织会根据对领域发展前景的判断进行合理投入，也即发展可预期性决定了社会组织能否在所属领域进行足够的投入，这进一步影响了社会组织参与社会治理的深度和可持续性。单位地区社会组织发展可预期性可以通过社会组织承接政府购买服务项目的持续率体现出来，一般来说，持续率越高，社会组织发展可预期性水平越高。我们把社会组织承接政府购买服务项目的持续性界定为在“连续三年及以上承接同一领域服务项目”。

指标计算方法：

$$社会组织发展可预期性=\frac{连续三年及以上承接同一领域服务项目的社会组织数}{参与政府购买服务社会组织总数}\times 100\%$$

B_{16}社区四类社会组织增长贡献率

社区生活服务类、社区公益慈善类、社区文体活动类和社区专业调处类社会组织的服务与居民的社区日常生活息息相关，四类社会组织的准入门槛降低后，它们的数量显著增加，其在新增社会组织中所占的比例能够客观地反应这四类社会组织的成长。

$$社区四类社会组织增长共享率=\frac{辖区本年来新增四类社会组织数}{辖区本年来新增社会组织总数}\times 100\%$$

（三）参与贡献维度

参与贡献维度反映了社会组织参与社会治理所产生的影响，是社会组织参与社会治理绩效水平的直接反映。现阶段，民政领域社会组织参与社会治理和公共服务具体事项涵盖养老、助残、救助、青少年、外来人口、妇女儿童、婚姻家庭、文体、法律等诸多领域，社会组织参与社会治理状况的好坏与上述领域公共服务供给数量、质量和公平分配有着密切的关系。课题组根据本市社会组织参与治理的领域和实践，选择了 6 个指标来反映社会组织参与社会治理的贡献度：社会组织服务人次占总人数比、社会组织公益活动场次、社会组织公益活动支出占总支出比、社会组织养老服务绩效指数、社会组织助残服务绩效指数、社会组织济困服务绩效指数和社会组织扶幼服务绩效指数。

C_{11}社会组织服务人次占总人数比

服务群体/对象的数量和覆盖率是社会组织参与社会治理水平最直观的体现，社会组织服务人次占总人数比越高，社会组织参与社会治理水平越高。

指标计算方法：

$$社会组织服务人次占总人数比=\frac{辖区社会组织服务总人次}{辖区常住人口}\times 100\%$$

C_{12}社会组织公益活动场次

社会组织举办公益活动是社会组织提供公共服务、参与社会治理的重要方式之一，社会组织公益活动场次可以直观反映单位地区社会组织参与社会治理的水平。

指标计算方法:社会组织公益活动场次可以直接从社团局社会组织年检系统中提取。

C_{13}社会组织公益活动支出占总支出比

社会组织公益活动支出指社会组织参与社会治理和公共服务的投入,是社会组织参与社会治理水平的重要体现,一般而言,单位地区社会组织公益活动支出比越高,其参与社会治理和公共服务的水平越高。

指标计算方法:

$$社会组织公益活动支出占总支出比=\frac{辖区社会组织公益活动支出}{辖区社会组织总支出}\times 100\%$$

C_{14}社会组织吸纳就业人员占总就业人数比率

作为一种新兴的社会经济力量,社会组织在拓展就业空间、创造就业岗位方面、稳定就业方面,表现出了巨大的潜力和积极效应,从了解就业需求到从事就业相关的服务,对就业需求者,对政府就业政策的实施都可以起到不容忽视的影响。约翰·霍普金斯大学非营利部门比较项目的调研结果表明,在国外,社会组织吸纳就业水平成为衡量社会组织经济社会发展贡献的重要指标,因此社会组织吸纳就业规模也是社会组织参与社会治理贡献的重要体现,

指标计算方法:

$$社会组织公益活动支出占总支出比=\frac{社会组织吸纳就业人数}{辖区从业人员总数}\times 100\%$$

(四) 指标权重的设定方法与结果

在评价维度和具体指标确定后,课题组通过有事先提示的专家打分法,对指标体系中的各项指标进行权重设定。具体做法是:邀请社会组织管理和社会治理领域的专家学者5名,民政条线相关岗位任职干部6名,街镇基层相关岗位任职干部4名,以及活跃在社会治理和公共服务一线的社会组织负责人8名,在明确告知各项指标含义和要求更多地考虑"参与"的实际效果和价值的基础上,让他们分别给各项指标进行排序,认为是重要指标的排在前面,认为是不重要的指标排在后面。最后统计下来,一个指标排在前面的次数越多,设定的权重系数越大,排在越后的,权重系数越低,最后得出各项指标的权重系数。(具体指标和权重系数见附件一)

三、社会组织参与社会治理指数的测评方法

社会组织参与社会治理指数是从参与支持、参与成长和参与贡献三个维度

测量的综合指数，每一维度都是构成具体方面的分指数，每个分指数又是由若干个指标合成。由于各指标性质不同，计量单位不同，同时评价地区经济社会发展差异导致指标基数也有不同，如果直接用原始指标值进行分析，会导致各指标以不等权参加分析，进而影响测评结果的有效性。因此需要对各指标数值进行无量纲化处理。无量纲化也叫数据的标准化，它是通过简单的数学变换来消除原始指标量纲影响的方法。无量纲化的方法很多，如极值法、标准差标准化法等，社会学领域统计数据的个数和分布的规律性较弱，一般采用极值法对指标值进行处理，如俞可平教授的中国社会治理指数、中国国家治理指数和联合国人类发展指数（HDI）的数据处理都是采用极值法进行无量纲化。极值法无量纲化的基本思路是根据每个评价指标的上、下限阀值来确定单个指标指数，即指标的无量纲化，指数一般分布在 0～1 之间，再根据每个指标权重最终合成社会组织参与社会治理指数。最终测算出来的指数不仅可以横向比较各参评单位社会治理的相对位次，而且可以纵向考察参评单位推动社会组织参与社会治理的工作成效。

（一）指标上、下限阀值的确定

在计算单个指标指数时，须对每个指标进行无量纲化处理，而通过极值法进行无量纲化处理的关键是确定各个指标的上、下限阀值。指标的上、下限阀值为测评基年该指标的最大值和最小值。可以将第 i 个指标实际值记为X_i，指标权重为 W_i，下限阀值和上限阀值分别为$X^i_{\min}$和 $X^i_{\max}$，无量纲化后的值为Z_i。

（二）指标的无量纲化

无量纲化，也叫数据的标准化，它是通过简单的数学变换来消除原始指标量纲影响的方法，用极值法进行无量纲化的计算公式如下：

正指标无量纲化计算公式：

$$Z_i = \frac{X_i - X^i_{\min}}{X^i_{\max} - X^i_{\min}} \tag{2-1}$$

逆指标无量纲化计算公式：

$$Z_i = \frac{X^i_{\max} - X_i}{X^i_{\max} - X^i_{\min}} \tag{2-2}$$

（三）分类指数与总指数的合成

本指标体系由参与支持、参与成长和参与贡献三个分类组成，将某一类的所有指标无量纲化后的数值与其权重计算后得到分类指数 I_i，将所有分类指数相加就得到总指数 I，即社会组织参与社会治理指数。

分类指数的合成公式：

$$I_i = \frac{\sum Z_i W_i}{\sum W_i} \tag{2-3}$$

总指数的合成公式：

$$I = \sum I_i \tag{2-4}$$

根据评价模型和指数测算方法，最后得出的社会组织参与社会治理指数是一个0～1之间的小数，数值越接近“1”，说明评价地区社会组织参与社会治理水平越高，反之，数值越接近“0”，表示评价地区社会组织参与社会治理水平越低。

总的来说，建立社会组织参与社会治理评价指标体系是一项极富挑战性的工作，目前所建立的“社会组织参与社会治理指数”的评价指标体系是课题组经过实地调研和多方沟通后所进行的一种尝试。需要说明的是，“社会组织参与社会治理指数”评价指标体系作为衡量单位地区社会组织参与社会治理水平的一个系统，其本身是动态和开放的，需要根据实践领域社会组织参与情况的变化，在实际测评中加以检验和修正。

四、社会组织参与社会治理评价模型的系统仿真

（一）数据采集情况

本部分的系统仿真以上海松江区为例。根据前期构建的评价指标体系和确定的测算方法，我们对相关指标的数据进行了收集，主要从市民政局社会组织服务处、松江区社会组织服务中心、松江区民政局办公室、社会组织登记科、社团科和基层政权和社区建设科采集了数据。从数据采集情况看，指标所涉及数据可以分为三类：

一是业务口数据，相关业务部门在工作中自行统计的数据，如万人社会组织数量、财政购买社会组织服务总支出等；

二是统计数据，这类数据可以直接从统计年鉴查询，如辖区户籍人口、60岁以上老年人数量等；

三是在线采集数据，如注册志愿者占户籍人口比重、社会组织公益活动场次等，这类数据可以直接从“上海志愿网”“社会组织年检公示系统”等管理平台在线采集。各指标数据采集情况具体见表2-2。

表 2－2　松江区《社会组织参与社会治理评价模型》指标数据收集表(2016)

序号	三级指标名称	涉及指标 1	数据 1	涉及指标 2	数据 2	数据来源	采集方法
1	A_{11}社会组织服务中心规范化建设水平	区社会组织服务中心规范化等级	5A	/	/	区社会组织服务中心	业务口数据
2	A_{12}购买社会组织服务占公共服务总支出比重	区财政购买社会组织服务(补助)总支出(万元)	82 524.7	区财政公共服务总支出(万元)	135 895.3	区财政局、区民政局办公室	业务口数据
3	A_{13}购买社会组织服务覆盖率	区内承接政府购买服务项目社会组织数量(家)	360	区内社会组织总数(家)	645	区社会组织服务中心、上海社会组织网	业务口数据 在线采集
4	A_{14}社会捐赠占社会组织总收入比	区内社会组织接受社会捐赠总收入(万元)	2 064.8	辖区社会组织总收入(万元)	176 013.0	社会组织年检公示系统	在线采集
5	A_{15}注册志愿者占总人口比	区内在册志愿者人数(万人)	12	辖区户籍人口(万人)	68.37	区文明办/区志愿者协会、松江统计年鉴	在线采取统计数据
6	B_{11}万人社会组织数量	区内社会组织总数(家)	645	辖区户籍人口(万人)	68.37	上海社会组织网、松江统计年鉴	在线采集统计数据

（续表）

序号	三级指标名称	涉及指标1	数据1	涉及指标2	数据2	数据来源	采集方法
7	B_{12}社会组织服务领域均衡率	区内扶老类社会组织数量(家)	54	辖区60岁以上老年人数量(人)	168 298	区民政局社会组织登记科、松江统计年鉴	业务口数据统计数据
		区内助残类社会组织数量(家)	17	辖区残障人数量(人)	2 066		
		区内济困类社会组织数量(家)	7	辖区低保、低收入群体数量(人)	60 532		
		区内扶幼类社会组织数量(家)	124	辖区青少儿数量(人)	78 812		
8	B_{13}社会组织规范化建设达标率	5A社会组织数量(家)	12	区内社会组织总数(家)	645	区社会组织服务中心上海社会组织网	业务口数据统计数据
		4A社会组织数量(家)	17				
		3A社会组织数量(家)	139				
		2A社会组织数量(家)	11				
		1A社会组织数量(家)	12				
9	B_{14}社会组织服务人员持证上岗率	区内社会组织持证服务人员数(人)	1 820	辖区社会组织从业人员总人数(人)	17 862	社会组织年检公示系统、松江统计年鉴	在线采集统计数据
10	B_{15}社会组织发展可预期性	区内连续三年及以上承接同一领域服务项目的社会组织数(家)	242	辖区参与政府购买服务社会组织总数(家)	360	区社会组织服务中心	业务口数据

（续表）

序号	三级指标名称	涉及指标1	数据1	涉及指标2	数据2	数据来源	采集方法
11	B_{16}社区四类社会组织增贡献率	当年新增四类社会组织数(家)	4	当年新增社会组织总数(家)	56	区民政局社会组织登记科	业务口数据
12	C_{11}社会组织服务人次占总人数比	区内社会组织服务总人次(万人次)	19.3	辖区总人口(人)	176.48	社会组织年检公示系统、松江统计年鉴	在线采集统计数据
13	C_{12}社会组织公益活动场次	区内社会组织组织、参与公益活动场次(场)	516	/	/	社会组织年检公示系统	在线采集
14	C_{13}社会组织公益活动支出占总支出比	区内社会组织公益活动支出(万元)	335.1	辖区内社会组织总支出(万元)	132 009.7	社会组织年检公示系统	在线采集
15	C_{14}社会组织吸纳就业人员占总就业人数比率	区内社会组织从业总人数(人)	17 362	辖区从业人员总数(人)	401 149	社会组织年检公示系统、松江统计年鉴	在线采集统计数据

（二）各指标极值的确定与指数测算

需要特别说明的是，依据极值法对各指标值进行标准化处理（公式 2－2）所计算出的三级分指数是相对结果，各个三级指标的最大值和最小值会影响各个指标的指数得分，也就是说如果各个三级指标的最大值和最小值发生变化，最后测评的社会组织参与社会治理总指数也会发生变化。因此，为了准确反映某区社会组织参与社会治理绩效在整个上海的水平和位次，我们综合了上海各区 2016 年的实际情况，确定了各个指标的最大值和最小值，如"每万人拥有社会组织数量"以静安区（15 家）作为最大值，以金山区（6.5 家）作为最小值（崇明区数据缺失），其他指标最大值和最小值的确定以此法类推，具体如表 2－3 所示。

表 2－3　三级指标最大值、最小值情况

序号	三级指标名称	指数测算公式	最大值	最小值	值（松江区）
1	A_{11}社会组织服务中心规范化建设水平	5A＝10 分；4A＝8 分；3A＝6 分；2A＝4 分；1A＝2 分	10	2	10
2	A_{12}购买社会组织服务占公共服务总支出比重	购买社会组织服务占公共服务总支出比重＝政府购买社会组织服务支出/公共服务总支出×100%	1	0	0.607
3	A_{13}购买社会组织服务覆盖率	政府购买社会组织服务覆盖率＝承接政府购买服务项目社会组织数量/社会组织总数×100%	1	0	0.558
4	A_{14}社会捐赠占社会组织总收入比	社会捐赠占社会组织总收入比＝社会组织接受社会捐赠收入/社会组织总收入×100%	1	0	0.012
5	A_{15}注册志愿者占比	注册志愿者占辖区总人口比＝在册志愿者人数/辖区户籍人口总数×100%	1	0	0.161

（续表）

序号	三级指标名称	指数测算公式	最大值	最小值	值（松江区）
6	B_{11}万人社会组织数量	万人社会组织数量＝社会组织数量/(辖区户籍人口数÷10000)×100%	15	6.5	9.434
7	B_{12}社会组织服务领域均衡率	社会组织服务领域均衡率＝∑领域内社会组织数量/(领域内服务对象人数÷100)÷领域数×100%(统计民政领域)	1	0	0.256
8	B_{13}社会组织规范化建设达标率	社会组织规范化建设达标率＝(5A级社会组织数量×0.4＋4A级社会组织数量×0.3＋3A级社会组织数量×0.15＋2A级社会组织数量×0.1＋1A级社会组织数量×0.05)/社会组织总数×100%	0.245	0	0.05
9	B_{14}社会组织服务人员持证上岗率	社会组织服务人员持证上岗率＝辖区社会组织持证服务人员数/辖区社会组织服务人员总人数×100%	0.4	0	0.102
10	B_{15}社会组织发展可预期性	社会组织发展可预期性＝连续三年及以上承接同一领域服务项目的社会组织数/参与政府购买服务社会组织总数×100%	0.8	0.4	0.672

（续表）

序号	三级指标名称	指数测算公式	最大值	最小值	值（松江区）
11	B_{16}社区四类社会组织增长贡献率	社区四类社会组织增贡献率＝当年新增四类社会组织数(家)/当年新增社会组织总数(家)	0.3	0	0.071
12	C_{11}社会组织服务人次占总人数比	社会组织服务人次占总人数比＝辖区社会组织服务总人次/辖区常住人口×100%	0.8	0	0.177
13	C_{12}社会组织公益活动场次		2000	100	556
14	C_{13}社会组织公益活动支出占总支出比	社会组织公益活动支出占总支出比＝辖区社会组织公益活动支出/辖区社会组织总支出×100%	0.1	0	0.003
15	C_{14}社会组织吸纳就业人员占总就业人数比率	社会组织吸纳就业人员占总就业人数比率＝社会组织吸纳就业人数/辖区从业人员总数×100%	0.1	0	0.045

根据松江区的数据，同时结合各三级指标计算公式和数据标准化处理方法，我们计算了松江区社会组织参与社会治理各项指标的指数，并根据三级指标权重系数，计算了松江区社会组织参与社会治理的参与支持指数、参与成长指数和参与贡献指数，最后结合二级指标权重系数，得出了松江区社会组织参与社会治理的总指数，具体如表 2-4。

表 2-4　松江区社会组织参与社会治理指数(2016)

<table>
<tr><th>一级指标</th><th>总指数</th><th>二级指标</th><th>二级分指数</th><th>三级指标</th><th>三级分指数</th></tr>
<tr><td rowspan="15">社会组织参与社会治理指数</td><td rowspan="15">0.397</td><td rowspan="5">A_1 参与支持分指数</td><td rowspan="5">0.264</td><td>A_{11} 社会组织服务中心规范化建设水平</td><td>0.1</td></tr>
<tr><td>A_{12} 购买社会组织服务占公共服务总支出比重</td><td>0.091</td></tr>
<tr><td>A_{13} 购买社会组织服务覆盖率</td><td>0.056</td></tr>
<tr><td>A_{14} 社会捐赠占社会组织总收入比</td><td>0.001</td></tr>
<tr><td>A_{15} 注册志愿者占常住人口比例</td><td>0.016</td></tr>
<tr><td rowspan="6">B_1 参与成长分指数</td><td rowspan="6">0.087</td><td>B_{11} 每万人拥有社会组织数量</td><td>0.021</td></tr>
<tr><td>B_{12} 社会组织服务领域均衡率</td><td>0.013</td></tr>
<tr><td>B_{13} 社会组织规范化建设达标率</td><td>0.01</td></tr>
<tr><td>B_{14} 社会组织服务人员持证上岗率</td><td>0.01</td></tr>
<tr><td>B_{15} 社会组织发展可预期性</td><td>0.014</td></tr>
<tr><td>B_{16} 社区四类社会组织增长贡献率</td><td>0.019</td></tr>
<tr><td rowspan="4">C_1 参与贡献分指数</td><td rowspan="4">0.046</td><td>C_{11} 社会组织服务人次占总人数比</td><td>0.011</td></tr>
<tr><td>C_{12} 社会组织公益活动场次</td><td>0.012</td></tr>
<tr><td>C_{13} 社会组织公益活动支出占总支出比</td><td>0.001</td></tr>
<tr><td>C_{14} 社会组织吸纳就业人员占总就业人数比</td><td>0.022</td></tr>
</table>

(三) 松江区测评结果解析及提升空间

如上所述,研究根据前期建构的“社会组织参与社会治理评价模型”,着重对松江区社会组织参与社会治理水平进行了模拟测算。测算结果显示,松江区社会组织参与社会治理总指数为 0.397,社会组织参与社会治理总体水平有待进一步提升。在分指数得分方面,参与支持分指数为 0.264,参与成长分指数为 0.087,参与贡献分指数为 0.046,由此可以发现,松江区社会组织参与社会治理整体绩效基本由“参与支持”因素推动。

1. 参与支持指数

从测算的结果看,松江区社会组织参与社会治理的参与支持指数为 0.264,对松江区社会组织参与社会治理总指数贡献度最大。其三级指标指数得分比较显示,这主要得益于该区社会组织服务中心规范化建设水平、政府购买社会组织服务(补贴)占公共服务总支出比重和政府购买社会组织覆盖率的水平较高。

在社会组织服务中心规范化建设方面，自 2013 年 10 月成立以来，中心积极加强自身建设，较早地完善了以理事会、监事会和执行机构为主体的法人治理结构，同时设立了综合服务部、能力发展部、孵化培育部、公益项目部和财务部五个内设机构，为全区社会组织提供政策咨询、能力发展、财务管理、信息宣传等支持性服务。2015 年，松江区社会组织服务中心被市社团局认定为 5A 级社会组织。应该说，社会组织服务中心的规范化建设极大地促进了全区社会组织参与社会治理的水平，课题组从中心主任了解到，近两年，为提升辖区社会组织参与社会治理的能力和水平，中心充分利用自身的资源优势和建设经验，有的放矢：一是有意识地引导和培育符合本地区实际需求的行业管理类、公益服务类社会组织，对一批尚不具备登记条件的社区公益类群众团体，如参与调解的“居委会老舅妈和谐工作室”，提供便民服务的“双休日服务队”，为居民提供廉价优质蔬菜的“便民小菜场”，为老服务的“爱心日间助餐点”等，提供资金、场地和专业人才方面的支持，并积极协调相关部门为这类组织注册登记提供绿色通道；二是在松江区社团局的支持下，设立松江区社会组织发展专项资金，对社会组织，尤其是初创期的街镇层面的社会组织，在聘用人才型专职人员和发展公益性服务项目方面提供补贴，助力区内初创期社会组织顺利跨过“资源瓶颈”期；三是有针对性地向社会组织提供能力建设与培训，诸如针对行业类社会组织着重加强组织自治、自律和行业诚信方面的培训，针对公益类社会组织着重加强其品牌塑造和抓取社会资金能力方面的培训等。总体而言，现阶段松江社会组织服务中心在推动辖区社会组织参与社会治理方面扮演着重要角色，在该项指标上，测评结果的反馈与实际经验基本相符。

在政府购买社会组织服务方面，近年来，松江各级政府积极拓宽政府购买社会组织服务资金渠道，一是设立了由松江区社会组织服务园运作的社会组织发展专项资金，对符合条件的承接政府购买服务的社会组织进行资助和补贴；二是扩大财政预算资金，鼓励有条件的街镇设立政府购买社会组织服务专项资金，鼓励各业务系统将适宜由社会组织提供的服务事项通过购买服务的形式交由社会组织承担；三是充分利用市、区两级福彩公益金，制定《松江区社区公益服务项目目录》，向社会组织购买扶老、助残、救孤、济困等民生领域服务。经过近几年的探索，松江区各级政府都尝到了向社会组织购买服务的甜头，购买服务的范围和力度不断加大。2016 年区财政购买社会组织服务(补助)总支出达 82 524.7 万元，占区财政公共服务总支出的 60.7%，全区累计向社会组织购买服务资金超

2亿元，参加政府购买服务的社会组织超过360家，占全区社会组织（不含教育类社会组织）总数80%。总体而言，政府购买社会组织服务作为推动社会组织参与社会治理的重要机制，不仅激发了社会活力和内生动力，培育了公共精神，探索出了公共性的协同自治新机制，创新了社会管理和社区治理模式，而且通过鼓励社会组织参与公开竞争、项目运作和绩效评估，极大地提升了社会组织规范化、专业化和职业化水平，推动了社会组织参与社会治理能力的提升，在推动松江区社会组织参与社会治理的整体绩效中发挥了至关重要的作用，这些都客观地反馈在"松江区社会组织参与社会治理指数"评价中。

当然，参与支持指数也反映出松江区整体环境对社会组织参与社会治理支持的薄弱环节，通过进一步分析该区"参与支持"下的三级指数，我们发现松江区"社会捐赠占社会组织总收入比"和"注册志愿者占常住人口比例"两项指数得分分别为"0.001"和"0.016"，远低于评价模型设计的参考指数，这说明松江区社会组织参与社会治理来自社会层面的支持远远不够。因此，下一阶段，松江区应该着力优化社会组织参与社会治理的社会环境，通过有组织的宣传，如评选"年度十佳社会组织""社会组织之星"等评选活动，树立社会组织模范典型，加大居民对社会组织的认知和了解，同时加强媒体的正面引导，增强社会认同度，促进社会大众参与社会组织活动的积极性，为社会组织参与社会治理营造良好的社会环境。

2. 参与成长指数

在"松江区社会组织参与社会治理指数"中，参与成长分指数仅为"0.087"，远低于评价模型的参考得分。也就是说，在创新基层社区治理、推动社会组织参与社会治理的各项优惠政策下，松江区社会组织并未取得与政策力度相匹配的成长幅度。通过进一步分析该区"参与成长"下的三级指数，可以发现该区"社会组织发展均衡率""社会组织规范化建设达标率""社会组织服务人员持证上岗率""社会组织发展可预期性"以及"四类社会组织增长贡献率"的分项指数得分均比较低，这反映出松江区社会组织发展如下方面的问题：一是社会组织发展和辐射领域与当地社会治理需求不匹配；二是社会组织在参与治理中并未显著提升自身规范化建设水平和治理能力，社会公信力普遍不足；三是社会组织专业化水平和深度介入社区治理的能力远未达到参与社会治理的要求；四是社区生活服务类、社区公益慈善类、社区文体活动类和社区专业调处类等与居民的社区日常生活息息相关的社区服务类社会组织增长不足，社会组织对社区发展的介入和支持不够，进一步限制了社会组织参与社会治理的广度和深度。同时，在"每万人社会组织拥有量”指标上，松江区的测评指数较高，说明松江社会组织数量和活跃程度相对较高。

因此，下一阶段在推动社会组织参与社会治理成长方面，松江区可以重点从如下方面着手：首先，优化社会组织结构，有意识地引导和培育符合民生发展需求的生活服务类社会组织快速发展，使之与民生服务需求相匹配。从课题组调研的结果看，目前松江区扶老类社会组织每百人拥有量为 0.03，助残类社会组织每百人拥有量为 0.8，济困类社会组织每百人拥有量为 0.01，扶幼类社会组织每百人拥有量不足 0.15，远远低于每百人拥有 1 家的最低标准，亟需发展生活服务类社会组织弥补当地民生服务领域的需求缺口；其次，充分发挥松江区社会组织服务园平台的支持、规范和引导作用，按照法人地位明确、治理结构完善、筹资渠道稳定、制约机制健全、管理运行规范的要求，指导辖区社会组织实行民主选举、民主决策和民主管理，提升社会组织规范化建设水平，以此增强社会和服务对象的认可；再次，加强社会组织专业人才队伍建设，加强现有工作人员培训，加大专业社工队伍培养力度，制定相关政策，确保专职工作人员的待遇和社会保障，吸引更多优秀的人才从事社会组织工作，提高社会组织参与社会治理专业化水平；最后，进一步明确社会组织参与社会治理的方向和工作重点，重点培育社区生活服务类、社区公益慈善类、社区文体活动类和社区专业调处类等四类社会组织，逐步完善社会组织参与社会治理的组织生态。

3. 参与贡献指数

参与贡献指数衡量的是社会组织参与社会治理的产出和影响，是社会组织参与社会治理水平的直接反映。根据测评结果，松江区社会组织参与社会治理的参与贡献指数为“0.046”，对松江区社会组织参与社会治理总指数贡献度相对较低。这说明，在松江，社会组织的参与活动对地区社会治理和公共服务的改善和提升并未产生显著影响。这与松江区社会组织的产出规模和效能密切相关，“参与贡献”的三级指数显示，松江区“社会组织服务人次占总人数比”“社会组织公益活动场次”和“社会组织公益活动支出占总支出比”等项指数得分均较低。

因此，在参与贡献方面，松江区下一阶段应着力提升社会组织承接公共服务的产出和效能：一是要增强公众公共服务的需求表达，减少公共服务的悬浮。课题组在调研中发现，近年来，松江区社会组织承接的公共服务规模越来越大，但服务本身并非出自公众需求，而更多地偏向行政绩效，始终处于低水平的重复建设之中，陷入了“没有发展的增长”困境，这是亟需做出改变的；二是要在社会组织服务过程中引入公众参与机制，增强社会组织服务粘性和社会资本价值。根据合作治理理论，社会组织本身即扮演着实现不同群体利益的理性表达和利益整合的重要角色，应该在参与社会治理和公共服务的过程中，尽可能扎根公众服务需求，主动引导公众参与公共服务的讨论和决策，将具有各种不同利益群体的需求集中起来，通过组织集体行动使公众参与秩序化，从而使参与的效应超越服务事项本身，上升为组织、乃至社会个体的一种生活方式；三是优化承接服务效能的评价监督机制，减少机会主义行为。这就要求政府加强对购买社会组织服务事项规划，形成长期的“指南性”文件，同时在社会组织承接服务效能评价中，要求社会组织对社会服务需求形成长期规划、中期打算和短期安排，以强化社会组织参与对社会服务本身长期性、稳定性和发展性的保证。

附件 1

社会组织参与社会治理评价指标体系

一级指标	二级指标及权重		三级指标及权重	数据来源	
社会组织参与社会治理指数	A_1参与支持分指数	$A_1=0.5$	A_{11}社会组织服务中心规范化建设水平	$A_{11}=0.10$	社会组织服务中心
			A_{12}购买社会组织服务占公共服务总支出比重	$A_{12}=0.15$	社团局、财政部门
			A_{13}购买社会组织服务覆盖率	$A_{13}=0.10$	社会组织服务中心
			A_{14}社会捐赠占社会组织总收入比	$A_{14}=0.05$	社团局
			A_{15}注册志愿者占常住人口比例	$A_{15}=0.10$	志愿者服务中心/文明办
	B_1参与成长分指数	$B_1=0.3$	B_{11}每万人拥有社会组织数量	$B_{11}=0.06$	社团局/统计部门
			B_{12}社会组织服务领域均衡率	$B_{12}=0.05$	社团局/统计部门
			B_{13}社会组织规范化建设达标率	$B_{13}=0.05$	社会组织服务中心
			B_{14}社会组织服务人员持证上岗率	$B_{14}=0.04$	社会组织服务中心
			B_{15}社会组织发展可预期性	$B_{15}=0.02$	社会组织服务中心
			B_{16}社区四类社会组织增长贡献率	$B_{17}=0.08$	社会组织服务中心、街道
	C_1参与贡献分指数	$C_1=0.2$	C_{11}社会组织服务人次占总人数比	$C_{11}=0.05$	社团局/老龄委、残联等
			C_{12}社会组织公益活动场次	$C_{16}=0.05$	社团局
			C_{13}社会组织公益活动支出占总支出比	$C_{17}=0.05$	社团局
			C_{14}社会组织吸纳就业人员占总就业人数比	$C_{18}=0.05$	社团局、就业促进中心

第三章

群团组织在基层社区治理中的作用发挥

在党和国家的历史脉络中，群团组织发挥了组织、联系和服务目标群体的功能，在解决社会问题中发挥着重要的助力作用。[①] 党的十九大报告提出，要“增强群众工作本领，创新群众工作体制机制和方式方法，推动工会、共青团、妇联等群团组织增强政治性、先进性、群众性，发挥联系群众的桥梁纽带作用，组织动员广大人民群众坚定不移跟党走”。并且提出，“增强党内政治生活的群团组织、时代性、原则性、战斗性……营造风清气正的良好政治生态”。在新的时代，面对主要矛盾的变化，群团组织如何探索工作体制机制，形成有效的方式方法，成为推进国家治理体系和治理能力现代化的重要力量，是需要深入思考的理论和实践问题。

《中共中央关于加强和改进党的群团工作的意见》发布以来，上海市妇女联合会（以下简称上海妇联）把握机遇，聚焦社会治理和公共服务，凝聚社会资源和女性社团，积极探索服务妇女儿童和家庭的新的工作理念、新的动员机制、新的服务载体和新的组织形态。在上海市委“创新社会治理加强基层建设”的课题精神引领下，结合上海治理体系现代化建设的新要求和妇女群众的新期待，围绕妇联组织在基层社会治理中的作用这一主题进行了广泛的理论研讨和实践调研。而后，《上海市妇女联合会改革实施方案》和《上海市妇女联合会机关主要职责内设机构和人员编制方案》下发，上海街镇和居村委层面的妇联组织力量得到充实，增强了妇联组织参与基层社区治理的传统优势，同时，也出现了一些新的挑战。上海市妇女联合会（以下简称上海妇联）的改革实践为我们考察群团组织在基层社区治理中的作用提供了典型的案例，因此，本部分的论述主要以上海妇联为对象。

① 葛亮：《群团组织参与社会治理创新——共同参与和搭台唱戏》，《浙江社会科学》2017 年第 5 期，第 62-68 页。

第一节　群团组织的内涵

一、群团组织的类型和功能

从历史脉络看，我国的群团组织不仅包括列入中国人民政治协商会议界别的八大人民团体（即中华全国总工会、中国共产主义青年团中央委员会、中华全国妇女联合会、中国科学技术协会、中华全国归国华侨联合会、中华全国台湾同胞联谊会、中华全国青年联合会、中华全国工商业联合会），还包括 2006 年 8 月 22 日中组部、人事部联合印发的《工会、共青团、妇联等人民团体和群众团体机关参照〈中华人民共和国公务员法〉管理的意见》（组通字〔2006〕28 号）所列 21 家名单中不相重的团体，合计 23 家（除了八大人民团体外，还包括中国作家协会、中国文学艺术界联合会、中华全国新闻工作者协会、中国人民对外友好协会、中国人民外交学会、中国国际贸易促进会、中国残疾人联合会、中国宋庆龄基金会、中国法学会、中国红十字总会、791 中国思想政治工作研究会、欧美同学会、黄埔军校同学会、中华职业教育社、中国计划生育协会）。[①]

在管理体制上，群团组织和党组织以及政府组织有一定的交叉，但是总体体现出明显的不同。比如，全国青联依托共青团中央开展工作，不设实体组织机构，其余 22 家由中央编办“定机构、定职责、定编制”，参照或适用《公务员法》管理。在党的统一领导下，23 家群团组织遵从国家宪法和法律以及自身章程运行。另外，工会和红十字会还须分别按照《中国工会法》和《中国红十字会法》专门法律条款的规制开展工作。

在功能发挥上，学界提出了群团组织功能的七个观点：桥梁纽带观、政治社团观、社会职能观、双重角色观、利益代表观、党政附属观和垄断地位观。[②] 桥梁纽带的功能主要体现在工会、共青团和妇联的文件中，这与三个组织在革命、生产中发挥的特殊作用有紧密的联系。政治学者着重研究了群团组织的政治作用，与一般的组织不同，这些组织承担着利益表达、参政议政、民主监督等功能。社会职能既可以是广义的概念，也可以是相对于政治职能而言的狭义概念。在

---

① 葛道顺：《关于群团组织治理和发展的思考——学习习近平系列重要讲话的体会》，《社会发展研究》2016 年第 4 期，第 197 - 207 页。

② 胡献忠：《改革开放以来群团组织研究述评》，《中共云南省委党校学报》2015 年第 5 期，第 144 - 150 页。

加强和创新社会治理的背景下，群团组织发挥社会职能主要指的是更多利用社会化而非行政化方式开展服务。双重角色主要指群团组织既有政治职能，又有社会职能，既是群众团体，又是党和政府直接领导下成立的组织，既要承担党政某些职能，又要代表群众利益。利益代表观从群团组织所联系的群众利益出发，认为群团组织的核心职能在于反映和回应联系群体的合法诉求。党政附属观看到了我国群团组织较强的政治和行政色彩，比如编制、级别等，并且承担一定的行政管理职能。垄断地位观认为我国群团组织与其他社团有着差异化的制度化安排，通过该安排，特定的人民团体得以进入政治体系中。

二、中华全国妇女联合会的性质与宗旨演进

与其他的群团组织一样，妇联组织在承担较多行政职能的同时，也在一定程度上充当了妇女利益代表者的角色。从发展历程看，改革开放可以说是妇联角色与功能发生转变的一个明显界线。[①] 总体来说，改革开放以前，妇联发挥的功能偏重于行政性，履行着党和政府所设定的特定功能，社会性、民间性功能的发挥空间不够充分，真正代表妇女权益的能力较低。随着社会主义市场经济体制的确立和逐步深化，个体的自主性开始萌发，社会领域的利益诉求开始彰显，妇联组织根据政府职能转型和社会转型的需要逐渐调整自己的角色定位，由动员妇女参与社会，转向呼吁社会关注妇女，逐渐明晰服务女性的立场，开始为解决妇女问题寻找现实可行的办法，倡导与女性和家庭相关的社会政策。妇联越来越多地发挥了社会性、群众性功能，尽管仍带有较强的行政性特点，但其职能已经发生了重大的变化，组织的群众性功能日趋强化。从妇联组织历届章程对性质和宗旨的规定中，可以看到其角色功能演变的渐进过程。

表 3-1　妇联历届章程所规定的性质与宗旨一览表

历届章程及通过时间	性质与宗旨
第一届 1949 年 1 月	团结全国各阶层各民族妇女大众，和全国人民一起，为彻底反对帝国主义、摧毁封建主义及官僚资本主义，为建设统一的人民民主共和国而奋斗，并努力争取废除对妇女的一切封建传统习俗，保护妇女权益及儿童福利，积极组织妇女参加各种建设事业，以实现男女平等，妇女解放。

① 陈琼：《型塑与变革：现代国家建构进程中的妇联组织研究》，华中师范大学博士学位论文，2009 年。

（续表）

历届章程及通过时间	性质与宗旨
第二届 1953年4月	团结全国各民族各阶层妇女，积极参加祖国各种建设事业，保护妇女权益及儿童福利，提高妇女觉悟与能力，实现男女平等，争取妇女彻底解放，并联合世界爱好和平的妇女为保卫世界和平而奋斗。
第三届 1957年9月	是全国各民族、各阶层、各种不同宗教信仰的妇女群众组织。在中国共产党的领导下，团结和教育全国妇女积极参加祖国的社会主义建设，并且组织群众的力量协同社会各有关方面为妇女群众服务。
第四届 1978年9月	是中国共产党领导下的，以各族工农劳动妇女和革命知识妇女为主体，广泛团结各界妇女的群众组织，是党联系妇女群众的桥梁。 贯彻执行中国共产党第十一次全国人大代表大会的路线和第五届全国人民代表大会规定的新时期的总任务，发动和组织全国各族妇女，为在本世纪内把我国建设成农业、工业、国防和科学技术现代化的伟大的社会主义强国，为妇女的彻底解放而奋斗。
第五届 1983年9月	是中国共产党领导的全国各族女职工、女农民、女知识分子和其他劳动妇女拥护社会主义的爱国妇女和拥护祖国统一的爱国妇女的群众组织，是党联系妇女群众的纽带。 团结全国各族各界妇女，坚决贯彻执行宪法和法律的规定，维护妇女儿童的合法权益，抚育、培养、教育儿童少年健康成长，充分发挥妇女在建设物质文明和精神文明中的重大作用，努力使自己成为代表妇女儿童利益，保护和教育妇女，保护和教育儿童的有权威的群众团体，为实现党的十二大制订的宏伟目标和六届人大一次会议通过的第六个五年计划，把我国建设成为现代化的高度文明、高度民主的社会主义国家，为逐步实现妇女的彻底解放而奋斗。
第六届 1988年9月	是全国各族各界妇女在中国共产党领导下为争取进一步解放而联合起来的社会群众团体，是党和政府联系妇女群众的桥梁和纽带。 在社会主义初级阶段，妇女联合会的基本职能是：代表和维护妇女利益，促进男女平等。它的工作方针是团结教育广大妇女，贯彻党的基本路线，在建设富强、民主、文明的社会主义现代化国家中发挥积极作用，维护妇女的合法权益，推进妇女解放事业。

（续表）

历届章程及通过时间	性质与宗旨
第七届 1993 年 9 月	是全国各族各界妇女在中国共产党领导下为争取进一步解放而联合起来的社会群众团体，是党和政府联系妇女群众的桥梁和纽带。 在社会主义初级阶段，妇女联合会要团结、教育广大妇女，贯彻党的基本路线，在建设社会主义物质文明和精神文明中发挥积极作用。妇女联合会的基本职能是：代表和维护妇女利益，促进男女平等。
第八届 1998 年 9 月	是全国各族各界妇女在中国共产党领导下为争取进一步解放而联合起来的社会群众团体，是党和政府联系妇女群众的桥梁和纽带。 以马克思列宁主义、毛泽东和邓小平理论作为行动指南，在社会主义初级阶段，妇女联合会要团结、教育广大妇女，贯彻党的基本路线，在建设社会主义物质文明和精神文明中发挥积极作用。妇女联合会的基本职能是：代表和维护妇女权益，促进男女平等。
第九届 2003 年 8 月	是全国各族各界妇女在中国共产党领导下为争取进一步解放而联合起来的社会群众团体，是党和政府联系妇女群众的桥梁和纽带，是国家政权的重要社会支柱。 以马克思列宁主义、毛泽东思想、邓小平理论和"三个代表"重要思想为行动指南，在社会主义初级阶段，妇女联合会要坚持党的基本理论、基本路线、基本纲领和基本经验，坚持马克思主义妇女观，贯彻男女平等基本国策，团结、引导广大妇女在全面建设小康社会和推进社会主义物质文明、政治文明和精神文明中发挥积极作用。妇女联合会的基本职能是：代表和维护妇女权益，促进男女平等。
第十届 2008 年 10 月	是全国各族各界妇女在中国共产党领导下为争取进一步解放而联合起来的社会群众团体，是党和政府联系妇女群众的桥梁和纽带，是国家政权的重要社会支柱。 以马克思列宁主义、毛泽东思想、邓小平理论和"三个代表"重要思想为行动指南，深入贯彻落实科学发展观，在社会主义初级阶段，妇女联合会要高举中国特色社会主义伟大旗帜，坚持党的基本理论、基本路线、基本纲领和基本经验，坚持和发展马克思主义妇女观，贯彻男女平等基本国策，团结、引导广大妇女在全面建设小康社会，推进社会主义经济建设、政治建设、文化建设、社会建设和生态文明建设中发挥积极作用，为建设富强民主文明和谐的社会主义现代化国家而奋斗。中华全国妇女联合会的基本职能是：代表和维护妇女权益，促进男女平等。

（续表）

历届章程及通过时间	性质与宗旨
第十一届 2013 年 10 月	是全国各族各界妇女为争取进一步解放与发展而联合起来的群众组织，是中国共产党领导下的人民团体，是党和政府联系妇女群众的桥梁和纽带，是国家政权的重要社会支柱。 以马克思列宁主义、毛泽东思想、邓小平理论、“三个代表”重要思想、科学发展观为行动指南。在社会主义初级阶段，妇女联合会要高举中国特色社会主义伟大旗帜，坚持党的基本理论、基本路线、基本纲领、基本经验和基本要求，坚持和发展马克思主义妇女观，贯彻男女平等基本国策，团结、引导广大妇女坚定不移地走中国特色社会主义妇女发展道路，在全面建设小康社会，推进社会主义经济建设、政治建设、文化建设、社会建设和生态文明建设中发挥积极作用，为建设富强民主文明和谐的社会主义现代化国家、实现中华民族伟大复兴的中国梦而奋斗。中华全国妇女联合会的基本职能是：代表和维护妇女权益，促进男女平等。

根据历届妇联章程整理。

第二节　基层社区治理中的上海妇联组织：一个群团组织个案

一、基层社区治理中的上海妇联及女性组织

上海市妇女联合会是中国共产党领导下的人民团体，是党和政府联系妇女群众的桥梁和纽带，是国家政权的重要社会支柱。在新中国成立后的革命和改革中，妇联在“国家逻辑”和“社会逻辑”的双重建构下，逐步形成了“横向到边，纵向到点”的伞状网络结构。[①] 组织架构上，建立了市、区（县）、街道（镇）、居民区（村）的组织体系；运行机制上，妇联组织既是党政系统的一环，从属于党政的虚线式层级结构，又承载着妇女工作社会化的期待，前者是为了更好地满足党政所急，而后者是为了更好地满足妇女所需。兼具政党组织和群众组织的双重属性，使妇联在当今的基层社会治理中必须同时发挥好政治功能和社会功能。

女性组织是指在基层社会多样化、个性化需求的推动下，由妇联组织或由民

① 陈琼：《现代国家建构与妇女公共参与——组织变迁的视角》，社会科学文献出版社 2011 年版。

间发起，旨在维护女性权益，为女性、儿童、老人和家庭提供公共服务的社会组织。从1984年起，首先是在上海，继而在一些大中城市，建立了一批以行业、专业甚至是年龄划分的女性组织。这些组织的负责人及成员大部分是女性，这些组织在妇联的引领下，以自身特征和高效灵活的方式主动承接政府转移出来的部分职能。女性组织积极参与社会管理，发挥保障妇女权利，充当国家与公民之间的中介作用；女性组织围绕婚姻、亲子和家政等核心领域，培育妇女参与意识，缓和社会冲突，实现社会整合，凝聚社会资本，实现了资源的优化配置；女性组织承担了政府的多个项目，创新开展了多种多样的服务，为社会和谐稳定提供了组织保证和群众基础。

随着基层协商民主的推进，上海妇联及女性组织获得了发挥功能的新空间。《关于加强和改进党的群团工作的意见》中，明确支持中华妇女联合会（以下简称"妇联"）等群团组织参与创新社会治理和维护社会稳定，推动群团组织改革创新、增强活力。从性别视角看，女性群体的利益诉求既有与男性的共同之处，也有女性生理和心理所决定的特殊性，呈现出新时期的新特征，需要相应的组织给予积极回应。而妇联是妇女组织的唯一合法形态，进一步推动妇联参与协商民主可以为基层社区治理完善或者群团工作新机制的探索提供路径。在加强协商民主和群团工作的时代形势下，妇联参与群团协商已是一项重要任务，如何在基层社区治理中围绕女性需求，在工作中贯彻政治性、先进性和群众性已是一个紧迫议题。

协商民主理论兴起于20世纪90年代，学者们基于自己的研究从不同的方面阐释了协商民主的含义。无论是Cooke所讲的民主政府①、Cohen所讲的共同体②，还是Miller所讲的一种民主治理形式③，或者Valadez所讲的治理形式④，都蕴含了一些共同的要素，包括自由平等的公民、以公共利益为共同的价值诉求、理性的公共协商过程、立法和决策的合法性赋予。

西方协商民主理论发展的同时，中国的社会建设越来越受到重视，城乡社区

---

① Maeve Cooke, "Five Arguments for Deliberative Democracy", *Political Studies*, Vol. 48, 2000, pp. 947-969.

② oshua Cohen, Deliberative and Democratic Legitimacy, ed. By Bohman and William Rehg, Deliberative Democracy: Essays on Reason and Politics, The MIT Press, 1997, p. 67.

③ David Miller, Is Deliberative Democracy Unfair to Disadvantage Groups? Ed. By Maurizio Passerin D'entreves, Democracy as Public Deliberation: New Perspectives, Manchester University Press, 2002, p. 201.

④ Jorge M. Valadez, "Deliberative Democracy, Political Democracy, Political Legitimacy, and Self-Democracy in Multicultural Societies", *USA Westview Press*, 2001, p.30.

的治理日益成为决策层与学术界关注的焦点。按照时间顺序梳理，国内学术界在这方面的研究从对街道办事处与居委会的组织职能开始，逐渐发展到关注政府与社会及民众之间的互动，再发展到当前的协商、参与研究。这三个阶段也与我国经济、社会发展的状况相吻合。当前，在城市基层治理中，对公共事务的最佳管理和控制已经不再是集中的，而是多元的、分散的，网络型及多样性的，它涉及多层次的权利和利益的协调。综合来看，中国社区民主的主要研究角度有：如何理解城市社区协商民主的价值①，如何实现居民有效参与②，如何处理好社区治理主体之间的关系③。这些研究成果对探讨社区的协商民主有一定的参考和指导作用。但是，已有的大部分研究多停留在"应该怎么做"的宏观分析层面，即对中国城乡社区协商民主的建设路径提出了高屋建瓴的理论对策，在实践过程中仍然无法很好地突破中观和微观层面"具体怎么做"的困境。对于全国妇联来说，如何建立组织在社区治理中开展协商民主的可操作路径，增加组织在协商民主机制中的话语权，是一个需要细致分析的议题。

二、妇联组织在上海基层社区治理中的作用

（一）上海基层社区治理中妇联的独特作用

我国的妇联组织与西方国家妇女组织不同，具有官民二重性，它接受党的领导，扮演联系政府和妇女群众的中介角色，在妇联实际工作中既要找准定位，又要维护妇女权益④。比如，随着妇联参与社会管理和公共服务日益增多，妇联应当在公共政策决策层面推动社会性别意识的决策主流化，在社会管理层面，推动妇女参与基层民主自治和民主管理；在服务层面，打造符合女性群体需求的公共服务产品。⑤妇联组织因其双重特性，在上海基层社区治理中发挥着独特的、不可替代的作用。

1. 党的群众组织的独特性质

妇联作为党和政府联系妇女群众的桥梁纽带和国家政权的重要社会支柱的组织性质，具有党和政府赋予的政治优势。妇联作为妇女群体的性别组织，可以同各类女性社团包括国际 NGO 组织平等对话的组织性质，具有与广大妇女和

---

① 吴猛：《社区协商民主：理论阐释与路径选择》，《社会主义研究》2011 年第 2 期，第 99－101 页。

② 欧阳君君：《协商民主与社区参与——以扬州市为例》，《城市问题》2010 年第 11 期，第 70－75 页。

③ 李江新：《社区管理三大参与主体分析——基于多元共治的视角》，《学术界》2011 年第 5 期，第 79－86 页。

④ 雷水贤：《双重角色对妇联履行职能的影响》，《妇女研究论丛》2002 年第 6 期，第 11－13 页。

⑤ 刘莉：《妇联组织参与社会管理和公共服务的新思考》，《妇女研究论丛》2008 年第 6 期，第 5－10 页。

女性社团的天然亲和的社会优势。由此，呈现出中国特色社会主义妇联组织的双重优势，它既不同于一般的非政府组织，也不同于工会、共青团，而是契合参与社会治理的枢纽(两栖融合)组织。

2. 参与社会协同的主体地位

社会治理涉及国家和社会的关系，或者说涉及政府、市场、社会三大部门关系。在“党委领导、政府负责、社会协同、公众参与、法治保障”格局中，在切实加强党的领导，强化政府服务型管理职能的同时，十分重要而突出的任务是，社会治理有效地实现政府主导与多元主体参与相结合，把“社会协同”“公众参与”落到实处。

而妇联以及妇联所代表的社会成员的“半边天”，正是多方参与中十分重要的一方，因为妇联是党的群众组织，代表、联系各界妇女群众，在调节社会关系、参与社会服务、维护社会稳定中具有政府、市场和其他社会组织难以替代的作用，是党加强和创新社会管理、做好新时期群众工作的重要帮手、重要渠道、重要资源。所以，我们认为在社会治理中妇联是社会协同的多元主体中重要的主体力量。

3. 引领公众参与的重要功能

在上海经济社会转型中，2 300 万上海市民(包括 900 万流动人口)的利益需求进入了急剧增长期，同时，他们的参与意识也进入了觉醒期。利益日益分散、需求更加多元，使得本来就相对薄弱的社会管理显得更加复杂和繁重。利益、需求的背后是人，社会治理本质上是对人的管理，说到底是做群众工作。可以说，一切社会治理过程实际上是做群众工作的过程，社会治理创新就是群众工作创新。

我们常说，妇女顶“半边天”，是因为妇女占人口的一半，因此，妇女工作是党的群众工作的重要组成部分，也是夯实国家政权重要社会支柱的手段。长期以来，妇联十分重视通过各种渠道倾听和收集广大妇女群众的意见建议和利益诉求，引导妇女合理有序地表达利益诉求，依法维护妇女、儿童、老人和家庭的合法权益，这些都是妇联做好党的妇女群众工作的主要内容和基本要求，是社会治理基础性、经常性、根本性的工作，也是巩固和扩大党执政的群众基础的重要途径。所以，我们认为妇联发挥着引领妇女群众参与社会管理的重要功能。

(二) 上海基层社区治理中女性组织的独特作用

女性组织因其组成成员、服务对象的特殊性，在上海基层社区治理中的作用得到了细致的体现。

1. 构建社区服务的组织网络

随着上海的公共服务逐渐向社区下沉，本市女性组织抓住这一契机，以纵向调整改建组织，横向整合工作网络为突破口，与基层社区中的党政组织、志愿组织和其他社会组织建立横向联系，构建社区服务组织网络。

就女性组织而言，重点在于联络高层次女性、发挥女企业家、女领导干部、女教师、女医务工作者、女法律工作者联谊会等专业女性社团组织的作用，提高她们共同参与社区妇女工作的自觉性，定期不定期地组织她们深入社区提供便民服务，在女性组织的工作网络之中，集聚一大批有代表性的职业女性，使她们生活在社区，服务在社区，成为推进社区服务工作的骨干力量。

2. 参与社区综合管理

在上海的基层社区治理中，女性组织与居民委员会在作用上相得益彰。女性组织是社区中女性发挥自主性和创造性的平台，对于更新观念，培养新型社区管理人才，提高服务水平，发挥社会力量，形成居委会自我管理机制大有裨益。长期以来，妇联的工作以女性、儿童、老人和家庭为主要对象，因而女性组织在社区群众中有深厚的群众基础和极强的亲和力，其工作的成效也得到社区群众的普遍认可。

家庭是基层社区细胞，妇女往往是家庭的核心。在基层社区治理中，推动女性组织的工作由活动型向功能型转变，逐步完善组织联络、宣传教育、维权服务三大功能，有助于建设好社区发展的人文环境，增强社区成员对共同利益、共同领域的自觉认同。

3. 参与社区服务和保障体系

目前，上海的社区服务至少包括以下功能：一是社会保证性功能，二是为社区居民的生活服务，三是为社区单位提供服务。女性组织参与社区服务以妇女再就业服务中心为依托，创设一批服务实体和优势服务名牌，使之成为吸纳企业下岗女工再就业的战略要策。

在社区服务中，女性组织所提供的各类服务与中国特色的社会保障体系相连接，今天人们愈来愈难凭借家庭解决生老病死伤残等各种生活问题，社会性的保障项目如敬老院、幼儿园、疗养院等以及各类家庭服务机构的发展成为必需。现代化科学技术和服务业的大量发展，使得这类工作体力劳动强度减少，特别需要耐心与细致，妇女则较为适宜。为解决上班族的工作保障，幼儿与学龄儿童的照顾与教育，路途的护送以及解决各类家庭服务问题愈来愈受欢迎。尤其是老龄化社会的来临之际，女性组织支撑下的社区、家庭、老人互助的养老方式，有效地解决养老问题中日常生活料理和精神慰藉两大难题。女性组织多形式、多渠道提供上门服务，形成了综合的养老助残支撑体系。随着市场经济的发展，生活节奏的加快，家政服务越来越受到欢迎，此类服务不仅现期富有成效，而且发展潜力很大，前景很好。妇女的天性，使之在社区的此类服务中具有不可替代的作用。

4. 参与社区的精神文明建设

妇女的素质关系到整个民族的发展，也关系到妇女自身的进步和社区人文风貌。日趋激烈的综合国力竞争对我们民族的整体素质提出了更高的要求，社会主义市场经济的发展也对劳动者的个体素质提出了严峻挑战，大力提高妇女素质更加重要和迫切。上海女性组织从抓特色活动入手，从群众最关心的事情做起，从具体事情做起。以社区中的女党员、女职工为骨干，社区妇女为主体，宣传社会主义核心价值观，培养聪慧时尚、自信坚韧、创新进取的女性，然后将之辐射到家庭，继而社区。

女性组织的健康发展对于培育社会组织生态具有积极影响。女性组织在创新和完成项目中，养成了创建工作品牌的意识和自觉行动，组织社会形象通过各项服务和活动得到了提升。这样一来，社会组织依靠品牌项目争取社会资源的能力也在不断加强，项目管理逐步由粗放型、无计划性向精细型、有计划性发展。女性组织服务规范的建立对于其他社会组织的健康发展起到示范或者积极的影响，这推动了社会组织整体环境的优化。

三、基层社区治理中上海妇联和女性组织的创新实践

（一）基层社区治理中上海妇联的创新实践

1. 主动争取党政资源服务妇女民生需求

党和政府是社会治理的领导和责任主体，握有大量资源，上海市各级妇联主动根据上海发展规划，依据自身组织优势获得基层社区的民生需求，担当政府与社会的纽带，设计惠及妇女、儿童、老人和家庭的具体项目，争取党和政府资源实施项目，促进各级妇联增强服务能力。

2007 年以来，上海市妇联提出并联合党政有关部门实施了“百万家庭学礼仪”“为 30 万名退休和生活困难妇女进行妇科病、乳腺病筛查”“为 25 万户家庭提供应急逃生培训和发放急救包”“百万家庭低碳行、垃圾分类要先行”等政府实事项目，取得了良好的社会反响。借助市妇儿工委和市“五好家庭家庭”“巾帼建功”“双学双比”协调小组成员单位平台，推进实施妇女、儿童发展规划，争取小额

贷款鼓励女性创业，创办专业合作社引导妇女勤劳致富，联合司法机关为妇女提供法律援助，争取政府帮困资金为困难妇女送上关爱等等，受到广大妇女群众欢迎。今年，市妇联又与市教委等联合创办了上海女子教育联盟（开放大学上海女子学院），构建上海女性终身教育体系，面向社会推出了 100 多项课程。与市信访办联合实施"白玉兰知心妈妈项目"，发挥妇联和社会组织的叠加优势，化解信访老户。

上海各级妇联注重调查研究和运用科学理论指导妇女工作。充分考虑妇女儿童家庭的切实需求和基层妇女工作实际，发布《2014 年上海妇女儿童理论研究课题指南》，首次开展市政府决策咨询研究妇联专项课题招标，力求围绕社会热点难点问题提出新思路和新举措。联合市政府法制办、市妇儿工委办开展建立上海市法规政策性别平等评估机制研究，为形成上海市法规政策性别平等评估机制和上海市法规政策性别平等评估委员会提供建议。分别与中国社会科学院人口所和市政府发展研究中心签订战略合作协议，中国社会科学院人口所在市妇联建立"国情调研基地"。评选、汇编 2013 年度妇女儿童理论研究优秀成果，及时转化政策建议，向上海市"两会"提交 11 份书面意见和提案。以"社会转型期的家庭公共政策"为主线，推出每月一期系列有奖网络调查。加强妇联组织基层建设，组织市政协妇联界别委员开展"妇联联手社会组织参与社会治理"专题调研。

2. 积极引导妇女和家庭成员参与社会治理

社会治理是一项宏大的工程，需要全民参与，不仅要市民提高文明素质、法制精神，而且要帮助群众实现有序参与，调解社会关系、化解社会矛盾。妇联的工作面向涉及妇女儿童和家庭，注重引导妇女、带动家庭参与到基层社会治理中，担当妇女与社会的纽带。近年来，上海市各级妇联为帮助四川灾区孤儿，动员妇女捐款 1 296 万元；为落实妇联援疆项目，联合慈善机构募集善款 2 200 万元，显示了社会动员的力量。

在世博会期间推出"上海巾帼世博建功行动"和"百万家庭世博志愿行动"，数百万妇女参与清洁环境、维护秩序、当好东道主，展示了上海妇女的风采。在街镇，创建的 217 个"社区家庭文明建设指导服务中心"；在居村，创建了 6 000 多个"妇女之家"，凝聚了家庭志愿者参与实施"关爱一生"项目，回应妇女和家庭需求，培育"知心大嫂""老舅妈工作站"等妇女维权自组织，在社区第一线化解纠纷和矛盾。

近年来，妇联实施并推进了"百万家庭低碳行，垃圾分类要先行"项目。制作拍摄垃圾分类公益宣传片，组织“低碳改变生活——中小学生环保大行动”活动，利用滑稽戏、广播电视、报刊杂志、微博、微信、户外媒体等开展主题宣传。巩固已覆盖200万户垃圾分类减量效果，开展宣传再动员，切实完成新增40万户入户宣传指导手册的发放工作、400场40万人次培训、400场次“绿色星期六”资源回收日活动等任务目标。

推进了“爱心暑托班”项目。17个区县积极利用社区学校、青少年活动中心、社区文化活动中心等场地开设“爱心暑托班”，为广大家庭和职业女性解除后顾之忧。关注儿童暑期安全，向全市发放20万份《亲子安全宝典》，推出自护训练、图书赏析、手工实验、慈善文化等符合小学生身心发展特点的暑托班基础活动菜单，积极探索暑托服务的长效机制。

3. 精心培育和凝聚女性社团参与公益服务

妇联是联合会，这个“联”不仅联系妇女群众，而且联系女性社团以及为妇女提供服务的社会组织，形成服务妇女的强大合力，担当女性组织与社会的纽带。近年来，市妇联培育了上海市农村女带头人协会、上海市女设计师沙龙、上海市女书法家联谊会等市级女性社团和上海市女企业家协会、上海市三八红旗手协会的区县级分会和一批活跃在社区的公益性女性社团，开展了女性社团负责人培训，健全了会长沙龙制度，创建了“一会一品”活动，推出了公益项目招投标，促进各女性社团形成服务会员、服务社会的理念和行动。如，在“优秀女企业家进校园”项目中，女企业家走近50多所高校、30多个街镇，为5万多名青年女性和女大学生提供职场经验和创业指导；在“优秀女科技工作者进农村”项目中，女科学家带着自己多年研究的新品种、新技术指导女带头人，推进“女带头人＋女性专业合作社＋项目”发展模式；在“优秀女文体工作者进社区”项目中，知名演艺明星为社区女性文体团队负责人授课，指导妇女活跃文体活动，实现快乐、健康愿望。

成立“上海市女性组织发展中心”，助推女性组织参与基层社会治理。2010年7月6日，市妇联积极响应市委市政府的号召，成立了上海市女性组织发展中心，开展对女性组织枢纽式管理的又一次有益尝试。为了引导更多女性组织向社会公益方向发展，提升组织自身的项目运作能力和市场生存能力，发展中心开展了公益项目“金点子”征集工作，在全市已向民政部门登记注册的女性组织内，征集到公益项目“金点子”32个，并最终确定了静安区关爱女童协会的“灰姑娘成长日记”、普陀区慧嫂联谊会的“慧嫂手工坊”、闵行区老舅妈工作者协会的“老舅妈工作室”、闸北区的“北站五矿少年跆拳道队”等4个公益项目作为首批扶持对象。

搭建女性组织服务平台。不少区县积极探索建立了社会公益性服务平台，服务平台一般依托家庭文明建设指导中心，项目来自社会团体、社会组织、企业、事业单位、行业协会、大专院校等的诉求，由区县妇联公开招投标购买服务，中标的社会组织所在街镇适当配套，为辖区内的女性组织发展提供交流联系平台。比如，浦东新区妇联于 2014 年 11 月，开展了一次别开生面的社会需求调查和社会力量动员，发起了"浦东新区妇女儿童项目公益创投活动"，向社会广泛征集创新、创业、创意公益项目和金点子。首次尝试便收到项目书和金点子 89 个，同时，浦东妇联还建立了妇女儿童家庭公益服务项目库。公开的招投标经评估认定和公开评审后，每个立项的项目将获得不超过 10 万元的项目经费。该探索将"家中心"打造成一个以项目化运作、实事化服务、社会化参与的社会公益性服务平台，完全打破"闭门做项目"的传统模式。只要是面向社区妇女、儿童、家庭的项目，都可以向浦东"家中心"展示，便于街镇"按需点菜"，拓展妇女儿童家庭服务项目。

4. 用心激活市场资源提升居民生活品质

妇联及女性组织在基层社会治理中的作用发挥不仅体现在其联接政府、社会、妇女、儿童、家庭上，还体现在其联接市场资源为社区居民提供生活便利，担当市场与社会的纽带上。比如，结合党的群众路线教育实践活动，长宁区妇联依托"妇女之家"，在前期开展"城乡姐妹手拉手，服务家庭办实事"绿色无公害蔬菜直供居民区、楼宇基础上，联合金山区妇联，借助金山农村女带头人联谊会，与上海扬升农副产品专业合作社积极沟通，拓展服务渠道，丰富服务内容，引进金山特色水果，如葡萄、西瓜、蓝莓、水蜜桃、猕猴桃等。目前，已在新华、江苏、华阳街道开设蔬果直供点 10 个，受到居民欢迎与好评。区妇联下一步将根据居民区、楼宇需求，增设直供点，扩大受益面，推进产品价格预报机制建设。

（二）基层社区治理中上海女性组织的创新实践

1. 担当政府与社会阶层间沟通的桥梁

女性组织，作为个人群体和政府以及其他社会组织之间平衡的力量，在国家与分散的社会成员之间形成一个中介力量。在法制框架下解决各类妇女问题和矛盾，影响公共决策，促进政策完善，在争取社会公平中实现妇女的利益。

一方面，女性组织能够代表所属群体的利益上情下达，能将妇女的意愿、利益综合起来，系统地进行总结概括并转达给政府或决策者。作为一种利益的表达或传播的媒介，加强了女性群体与政府决策者的沟通，使政府决策时更容易考虑到女性的存在及利益。

另一方面是参与政治的载体服务型。女性作为社会的一员，要凭借自己所特有的关爱与包容、善良和爱心、无微不至的关心、不急不躁的耐心，更能够深入细致地了解和关爱自己周围的人，实现与社会和谐互动，构建宽松和谐的工作环境。服务型组织和行业型女性组织发挥着积极的作用。

以上海市家庭服务行业协会为例，上海市家庭服务业行业协会，是依照《社会团体登记管理条例》精神组建，是从事家庭服务的企业等相关经济组织和机构自愿组成，实行行业服务和自律管理的跨部门、跨所有制的非营利的行业性社会团体法人。协会的宗旨是协助政府从事行业管理，规范家庭服务业机构业务活动，维护家庭服务业机构合法权益，加强协调、督促自律，维护家庭服务业市场秩序，推进家庭服务业机构健康有序发展。开展行业自律、行业协调、行业服务，代表协会成员向政府部门反映家庭服务业机构的意见和建议，与政府部门建立沟通联系的渠道。和谐社会的基础是保持利益的均衡，女性组织承担了重要的利益表达功能，促进了政府对基层诉求更好的关注，并对政府决策和依法行政起到了有利的推动作用。

2. 发挥维护社会稳定，促进社会和谐作用

在经济市场化和生产社会化条件下，由于利益最大化的驱动和国家制度的普适性，社会中出现了一批市场无暇顾及而政府无力关照的“弱势群体”。当“弱势群体”面对现实困境又无法求助国家或依靠自身力量时，心中难免产生失落与茫然，从而容易引发社会矛盾。同时，社会分工的进一步细化和公民权利意识的觉醒也促成了多元利益的萌生和摩擦，使社会陷入局部震荡之中。

此时，许多服务型女性组织中的女性利用自身待人亲切，忍耐力强，较少攻击性，善于沟通等特征来开展志愿活动、提供公共服务，切合了人民的需要来增进整个社会的融合互助、沟通交往，从而消除不同利益群体和不同社会阶层间的距离感、隔阂感，以缓解社会转型和利益分化带来的社会矛盾，在社会整体的和谐发展中发挥了积极作用。

例如上海晓东社工师事务所，该事务所是长宁区一家从事社会工作及心理健康服务工作的专业化社会组织。自开办以来，晓东社工师事务所开展了多项惠及社会民生的社会服务项目，比如，开展了 150 多场“健康心理、幸福家庭”社区教育大讲堂，抚慰了 10 个街镇 184 个居委的居民群众。并入驻上海市长宁区东虹桥法律服务园区，运用社会工作的专业方法和心理咨询的专业技术介入“长宁大调解”，开展了人民调解员综合培训课程，并多次成功化解了沉积型法律纠

纷，探索了人民调解社会工作和心理学介入的新路径，进而推动地区社会精神文明建设，促使社会更加稳定和谐的发展。

3. 填补因政府失灵产生的"公益真空"

在"市场失灵"的同时，政府是公共物品最重要的提供者，由于公共物品的不可分割性和非排他性，使得"搭便车"现象严重，而且政府对公共物品的提供倾向于反映中间阶层的偏好，从而导致一部分人对公共物品的需求过度，而另一部分人对公共物品的特殊需求得不到满足。

精简的政府无法承担大量的社会事务，而服务型和联谊型女性组织应运而生，它们所关注的恰恰是政府难以顾及的或是政府工作的薄弱之处。女性的爱心、细心和母性使得很多女性对于公益慈善事业充满热情，积极参加求助弱势全体的工作。如爱心妈妈基金会，动员社会各界力量，服务儿童，造福儿童，辅助政府发展全省儿童教育福利事业，特别是经济困难地区儿童教育福利事业。

女性组织的更大意义在于使社会公众开始明白，政府力量在当代社会管理中并不是唯一的力量，应该发动更多女性加入公益组织和参与公益活动，发挥女性在这一领域对社会的影响，可以达到充分发觉和调动公民社会的互助精神和互助行为，能够更好地解决社会困境，使得社会资源有效的配置。

4. 提供广大基层女性教育和能力培训

在我国当前的改革进程中，由政府集中统一组织的社会活动，正逐步向由政府、市场和第三部门共同组织过渡。

女性组织在社会保障和妇女就业培训方面发挥着重要作用。由于女性组织的特点，它在帮助失业女工更新知识、掌握技术、转换观念、重返工作岗位的援助方面更有优势。由于他们可以提供的服务价格低廉，甚至免费供给，使广大妇女在有机会享受教育培训时不增加经济负担；女性组织追求的公共目标和不以营利为目的组织原则，具有良好的社会信誉；同时非官办性，了解妇女的疾苦和体验，更贴近服务对象，所提供的教育培训项目容易被接受和理解。

其中行业型女性组织、联谊型女性组织、社会服务型女性组织发挥着不可忽视的作用。如上海市女企业家协会是由上海市各行业中的女企业家自愿组成的非营利性社会组织，协会通过举办讲座、研讨会，交流和推广先进的经营管理经验。推进企业管理和生产技术现代化，反映女企业家的意愿，为提高企业综合竞争能力，促进企业国际经济交流，展现国际现代化大都市的风采作出了贡献。如上海市女科学家联谊会的"明日科技之星—上海市青少年科普拓展基地"项目，不仅争取到了上海市科普教育基金会 10 万元的支持经费，还新聘了 11 位女科学家为指导老师，并新增 10 个女科学家领衔的实验室与各学校结对成为“科普拓展基地”。

5. 以社区需求为导向，创新服务内容和方式

家庭是社会的细胞，是女性组织工作的传统且优势领域。当前，随着上海“未富先老”来临、“空巢家庭”剧增、流动女性和家庭涌入等因素，社会服务需求呈现爆发式增长，需要社区福利性服务、邻里互助性服务以及社会低偿、有偿服务来满足不同家庭的需求。

在实践中，女性组织以社区需求为导向，开展有特色的具体服务项目。如 2014 年“知心妈妈”项目继续推进，14 个区县全面启动实施第二轮“白玉兰开心家园——知心妈妈”项目，新增 3 个区县参与本轮项目；白玉兰开心家园家庭服务社、乐群等 13 家社会组织承接项目；专业机构提前介入，与妇联组织和信访部门一起对服务对象的适配性进行预估。丰富培训督导形式，畅通信息交流，邀请复旦大学社会工作系为评估团队全程跟踪项目。目前已有 3 例个案实现案结事了，其余对象基本已破冰并建立良好关系，部分案主上访频次下降，项目成效初显。

与此同时，女性社团对社会服务的意识，也出现了由被动到主动的转变。以市女律师联谊会为例，从最初选派代表参与市妇联法律援助活动，到现在已经专门组建了 300 人左右的志愿队伍，制订工作制度，每个工作日选派 2 名律师到市妇联法律援助中心接待已形成“常规化”，并在现场“坐诊”的基础上主动提出承担网上法律咨询服务，成为帮助妇女维权的重要法律保障。再如闵行区老舅妈工作者协会，现有近 800 名志愿者（40%是退休人员），自 2010 年协会成立志 2013 年底，共接待来访 13 628 批 17 762 人次，受理调解 4 720 件，成功调解纠纷 4 552 件，签订调解协议书 1 606 分，调解成功率达 95%以上，先后荣获“上海市世博工作优秀集体”“全国城乡妇女岗位建功先进集体”等多项荣誉称号，广受妇女和社会好评。

第三节　基层社区治理中上海妇联组织的困境及突破

基层社会治理是社会建设的重要内容，社会建设是社会和谐的重要保障。围绕家庭和美、邻里和睦、社会和谐的路径，各级妇联发挥社会协同主体作用，坚持妇女工作项目化、实事化、社会化方向，努力增强妇联的社会动员力、组织凝聚力和社会影响力。妇联及女性组织在基层社会治理的创新实践给我们的启示

是：在现行的制度安排中，妇联及女性组织进行了“争取体制存量，拓展社会增量”的积极探索，围绕工作资源、组织网络、运作方式，拓展体制内外的两个视野，呈现多条渠道、资源整合的良好态势，在党委领导、政府主导下，发挥了政府组织代替不了，其他社会组织发挥不了的独特作用。进一步发挥这种不可替代的作用，我们还需要理性看待存在于妇联及女性组织内部和外部社会环境中的瓶颈。

一、上海妇联组织在基层社区治理中遭遇的困境

（一）妇联组织参与基层社会治理存在观念性障碍

在政府、社会和市场三者关系中妇联及女性组织不是配角，而应当发挥主体性作用，尤其是在联接政府和社会方面，应当发挥纽带性作用。然而，目前无论是政府还是社会、甚至妇联组织自身，在这一问题上都存在一定程度的认识误区，这就导致妇联及女性组织在社会治理中定位不准，阻碍纽带功能的有效发挥。

1. 对妇联组织的基本职能认知度偏低

从妇联章程对妇联组织基本职能的规定看，它有自己的代表对象即妇女，有自己的工作任务即代表和维护妇女权益，有自己的目标追求即促进男女平等。妇联应该发挥群众性功能，但是长期工作实践形成的惯性思维模式，致使部分妇联干部对此缺乏应有的认识。“党政所需，妇女所急，妇联所能”的“三维交一”目前已成为妇联工作遵循的一条重要原则。如何找到这三者的结合点，把哪一方面作为考虑问题的出发点，直接影响到妇联群众性功能的发挥。实践中也常常出现“党政所需强、妇女所急弱”的现象，有些地方甚至把抓中心工作等同于抓妇女工作，认为经济和社会发展了，妇女自然也发展了，因此对发展过程中发生的侵害妇女权益的事情采取比较宽恕与克制的态度。这说明，妇女的需要并没有在一些妇联工作的决策中占据重要位置，一些女性组织和妇联干部在很大程度上表现出代表党和政府呼声强，代表妇女呼声弱的倾向，妇联组织的功能仍然偏重于行政性，本位职能淡化。

2. 缺乏赋权妇女的工作理念

在过去相当长一段时期内，我们片面强调妇女解放运动和阶级解放运动的同质性、包容性，而忽视了妇女运动的独特性。在分析观察妇女问题时，缺乏性别观念，对女性的主体性重视不够，更缺乏赋权妇女的理念，时常有意无意地过分强调妇女的弱势，将妇女群体视为单纯的受教育者、受益者和总是需要被教育、团结、带领的落后工作对象；时常将妇女发展当作社会进步的某种成果，而不是动因；承认妇女在革命和建设中的作用，但却忽视妇女在自身解放与发展中的

自觉意识和自主能力。

这种传统的思维定势，一方面会误导我们将社会发展目标替代妇女发展的总体目标，另一方面也容易使我们在确定工作重点和制定工作规划时，过分重视社会的能动干预和自上而下的整体性保护，而缺乏对妇女自身在整个妇女解放与发展运动中的自主性和能动性的认识。比如，在对待妇女发展问题上，过去我们一直强调并重视"动员妇女参与发展"的干预模式，而对于是否将性别意识纳入发展规划，是否在发展过程中赋权妇女却缺少应有的重视。性别作为一种社会关系，决定了生活在这个框架之下的男女由于性别分工不同，由于两性间对资源的获取与控制不同，会有不同的体验与经历，因而只讲妇女参与发展是不够的，还应注意到发展规划中的男性倾向。如果我们不能尽快突破传统的思维定势和工作方法，工作简单化、一般化、程式化，就难免会使我们的工作陷入自我封闭、自我循环、自我欣赏而收效甚微的不良局面。

（二）妇联组织参与基层社会治理缺乏机制保障

妇联在基层社区治理中作用发挥，取决于妇联自身的积极性和同级党政领导的重视程度，机制保障不足，缺乏纵向制衡机制和横向联合机制。同时，妇联承接政府转移职能的实践存在较多有待澄清的地方。

1. 妇联纵向制衡机制逐渐弱化

长期以来，妇联和其他群众团体组织如工会、共青团等组织一样，是按照从中央到地方，由全国到省、市、县、区、乡镇逐级向下的组织体系构建的。但这种体制并不是严格意义上的层级式组织结构，因为上一级妇联组织与下一级妇联组织之间只有业务上的指导和被指导关系，每一级妇联都必须接受同级党和政府在人、财、物等方面的领导和控制。也就是说，在干部人事任免问题上、在财政拨款上、在各种物质资源的配给上，上一级妇联组织对下一级妇联组织的给予远远比不上同级党和政府对下一级妇联组织的给予，这种状况自然造成了妇联组织体系中纵向制衡机制逐渐弱化的趋势。同时，各级政府中没有常设的妇女工作部门，基础组织薄弱，上宽下窄，从而导致工作效率不高，组织机构运作不畅。①

2. 妇联横向联合机制缺失

由于历史原因，以往妇联注重纵向组织建设，忽视了横向辐射，比如与党政机关、企事业单位女性组织及妇联团体会员等建立联系。随着社会主义市场经

① 丁娟、马焱：《妇联承担政府职能的优势与阻力研究》，《妇女研究论丛》2006 年第 12 期，第 120－123 页。

济体制的完善，妇女就业和从事生产经营活动的范围日趋广泛，流动性不断增大，新变化对妇联组织的建设提出了一系列新问题。妇联组织应该合理利用其“半官半民”的双重空间，一方面继续保持与党和政府合作的优势，从源头上为妇女发展争取政策法律环境，另一方面妇联也应该培育发展女性社会组织，创新为目标群体服务的运作模式，获取更多的社会资源，拓展横向网络。[①]

3. 妇联承接政府转移职能的实践存在较多有待澄清的地方

依据现有的法律规定，妇联只在维护妇女权益方面的协助职能，妇联承接政府转移出来的职能这个判断的逻辑是：政府转移出保护妇女权益的职能—有能力的非政府部门优胜劣汰—妇联组织胜出。然而，作为基本国策的男女平等政策是否应该从政府职能中转移出来？妇联有没有资格参与竞争？即妇联是不是纯粹的非政府部门？妇联有没有足够的能力履行政府转移的职能？

对于第一个问题的回答，显然，男女平等的国策应该有相应的国家机制和社会机制来确保，目前其他的基本国策基本都已经建立了“国家—社会”协作机制，这个国策在理论上没有理由例外。第二个问题是，妇联在名义上是个非政府组织，但她在实施运作中离非政府组织的要求还有距离，如果她参与非政府组织竞争，必然对竞争的公平性和公正性产生破坏。对于第三个问题，在女性组织中，妇联无疑是最有能力的组织，其他非政府女性组织不足以构成对她的威胁，但是由于妇联组织长期依附于党政组织，其社会竞争能力又明显弱于其他非政府组织，而且公共服务中的均等化理念决定了公共服务不可能以性别为界限来提供，实际上所有非政府组织只要能服务好妇女就能够参与竞争。以上这些问题的提出，要求对妇联组织的定位和组织结构做出思考。

（三）妇联及女性组织参与基层治理的能力有待提高

1. 组织资源汲取的方式单一

妇女是妇联和其他政府非主管部门的目标群体的交叉重叠部分。也就是说，妇女有了问题可以找妇联，也可以找问题的主管部门。然而，两者的效应是不一样的。妇联作为一个法律意义上的社会团体，没有强制力，当需要行政的力量去解决问题时，妇联往往无能为力，她需要与其他相关政府主管部门合作，借助其行政力量去解决。在这重关系的结构上，她们之间是平行的合作关系，实际上由于妇联没有强制力，很多时候，妇联如果真想为目标群体办好事，她更多的是听从于相关非主管部门的意见。

---

① 陆春萍：《妇联组织横向合作网络的建构》，《甘肃社会科学》2014 年第 3 期，第 126 - 129 页。

从妇联与其他社会团体的关系看，社会结构的异质化导致近年来民间社团的兴起，这些社团的资源获取渠道主要是社会渠道，她们没有强制力向社会索取资源，也没有资本与社会公平交易获取资源，她们只有依靠信誉，依靠服务获得社会的支持，这就决定了其社会性强。而妇联对党政的依赖性，又决定了她的惰性，社会资源获取能力往往差于其他社会团体。在政府渠道的资源有限时，决定了她依靠政府进行社会服务是能力不足的。妇联的管理职能的保留并不是要强化其“行政化”趋向，而是有效运用行政资源，以社会化的方式完成管理职能，完善妇联在协调与服务中的枢纽型功能①。

2. 组织服务层次较浅

满足党和政府的期待，满足妇女的多样化需求是妇联的工作目标，但是在实际的组织运转中，妇联想平衡好二者之间的关系却十分困难。从组织结构上看，妇联是直线职能型结构，从中央到基层形成了一套完整的组织体系。但从组织运行机制上分析，由于妇联接受同级党组织的领导，党政部门又掌握着妇联干部的晋升、活动经费等稀缺资源，这使一些基层妇联在面对党政部门和上级妇联交付的工作时，首先完成党政部门的任务，而影响了妇联工作的正常运行。结果往往是过多地投入到“党政所急”的事项，而对“妇女所需”的回应性不够。

在对妇女的实际需求缺乏深度挖掘的情况下，妇联组织所开展的服务多以困难女性及其家庭为对象，而对一般女性的发展需求关照不够。这种情况的持续存在就会给广大女性一个暗示，认为妇联是提供帮困服务的，女性日常生活中的需求比如亲子教育等只好找市场（而市场存在诸多乱象）。于是，妇联就在无意中失去了一些群体特别是中青年女性的积极参与，表现在基层中，就是妇联组织的活动和提供的服务吸引力不足，总是老年女性占绝大多数，少有中青年女性的身影，这无论是对妇联组织的发展，还是对国家社会支柱的巩固来说，都是值得重视的问题。

二、增强妇联组织在基层社区治理中作用发挥的思路

（一）明晰新时代妇联的职能定位

1. 在党的领导下理顺妇联与党和政府的关系

重新界定妇联与党和政府的关系问题，是从党的治理能力现代化和政府机构改革这一大框架中来认识和发展党与妇联组织的关系。

---

① 肖扬：《对妇联组织变革动因及其途径的探讨》，《妇女研究论丛》2004 年第 5 期，第 39－45 页。

首先，思想认识层面的转变。由于党与妇联的关系是领导与被领导的关系，这就首先需要对什么是党的领导和怎样实施党的领导有一个准确的认识。长期以来，党对妇联的领导主要体现在两个方面：一是通过加强政治、思想领导，使妇联始终坚持正确的政治方向，二是支持妇联依照法律和章程独立自主、创造性地开展工作，更好地维护妇女利益。这表明，党对妇联的领导并不是党对妇联业务工作和日常事务的具体领导，更不意味着可以将基层妇联等同于党政的一个部门，以党政工作取代妇联的业务工作，取代妇联组织内部的领导。因此，不论是主管妇联工作的党政领导还是妇联干部，都应对党的领导有一个完整准确的认识，这是正确实施党的领导和自觉接受党的领导的前提，否则就会影响党与妇联的关系，削弱党的执政根基和群众基础，使妇联"依照法律和章程独立自主地开展工作"成为空话。

其次，组织制度的调整与变革。这包括在妇联章程的组织制度中明确：地方各级妇联接受上级妇联的业务领导，下级妇联执行上级妇联的决定，接受上级妇联的检查评估。从制度层面强化妇联组织的内聚力，使组织内部的运行获得制度保障和组织保障。同时，在对妇联组织内部稀缺资源的控制方面，应明确省以下各级妇联领导的任免必须有上级妇联协管，征求上级妇联的同意，并参与对主要领导的考察。

2. 明确妇联在政府职能转移中的定位

首先，加强妇联组织的管理职能。管理职能是指妇联协助或承担政府管理妇女事务的职能。由于我国没有独立的专门掌管妇女事务的政府部门，妇联作为中国最大、最具有影响力的妇女组织，实际上承担着处理各种妇女事务和促进妇女发展的职能，是国家促进男女平等基本国策的重要工作机制。

历史地看，从国家妇女运动和妇女工作方针的制定到各种妇女现实问题的解决，都要靠妇联组织的实际推动。一些妇联组织还承担了大量的社会事务和公共管理，满足了妇女儿童日益增长的社会需求。但是多年来，妇联组织的这一职能没有被充分地认识和有效地利用。立足于妇联在社会治理中发挥独特政治职能和社会职能所遇到的瓶颈问题，基于政府职能转变给妇联组织带来的影响，我们认为需要加强妇联组织的管理职能。

妇联成为政府授权管理妇女事务的主体。从组织结构上看，这种授权管理的方式有两种：一是协助政府管理妇女事务，二是承担政府管理妇女事务的职能。实际上，妇儿工委办事机构在妇联的设置与运行就是很好的例证，该做法标志着妇联既有非政府组织的功能，也兼有政府组织的部分职能。这既有利于妇联为提高妇女地位的国家机制提供支持，也有利于妇联组织和政府部门的密切合作，还成为妇联组织直接参与并承担国家妇女事务管理，促进性别平等意识进入决策主流的重要方式。同时，它有助于帮助妇联组织依据职能来确定工作定位，着力于那些政府应该做而又无力全做、民间女性组织想做又做不成的事情，从制定保障妇女权益的法律政策，争取妇女发展的稀缺资源方面下功夫。

其次，加强妇联的管理职能并不是要强化其“行政化”趋向，而是有效运用行政资源，以社会化的方式完成管理职能，完善妇联在协调与服务中的枢纽型功能。比如可以在有条件的地区推广妇联常委联系执委，执委联系代表，代表联系妇女群众的三级联系制度。进一步构建和完善妇女利益表达机制，包括推广妇联发言人制度，妇女代表常任制和委员建议案制度。基层妇联则可变单一妇代会组织形式为以妇代会为主体，多种妇女组织并存的模式，以自愿、方便互益为原则，组建专门组织或行业协会，拓展妇联对女性社会组织的引领和指导。

（二）整合组织网络和优化功能布局

1. 推动妇联及女性组织在新时代的变革

妇联及女性组织需要从政治性向社会性、活动型向功能型转变。从政府、社会和市场三者关系中，进一步界定清楚妇联及女性组织在基层社会治理中的角色定位，发挥妇联及女性组织基层社会治理中的主体性作用。坚持问题导向，妇联主动接纳从政府部门中转移出来的部分社会公共职能，强化一些自身原有的功能并大力拓展新的工作领域，积极参与同妇女发展有关的社会公共事务的协调和服务，强化代表和维护妇女合法权益、为妇女服务的职能，提升代表妇女群众参政议政的能力和水平，满足不同层次对女性组织的不同需求，并在新一轮公共行政形成的过程中建立妇女社会化服务体系，逐步实现妇联组织从政治性向社会性、从活动型向功能型的转变。

2. 激发妇女参与基层社会治理的意识

妇联是我国妇女利益的合法代言人，应成为妇女群众的喉舌，成为妇女群体利益表达的主渠道。代表和维护妇女群众的利益不仅是妇联的天职，也是执政党的责任。妇联代表妇女利益参政议政，反映社情民意，也是党对妇联的重托所在。

在社会治理框架下，激发妇女的社会治理的参与意识，妇联和女性组织还要通过自己的力量赋权给妇女，让她们直接参与民主管理、民主自治。妇联组织可以和其他女性组织联合，争取政府基金、社会慈善基金、国际基金等资源，通过主题项目的形式，把一些妇女组织起来，并赋权给妇女，让妇女在项目中共同受益，同时让妇女自己来参与项目的论证，表达自身的需求，参与民主讨论，在项目的运作过程中实现妇女的自我组织和自我民主管理。

（三）建立健全妇联及女性组织在基层社区治理中的工作机制

1. 推动妇女工作的社会化群众化

纵向抓基层，横向抓联谊，满足妇女工作全方位辐射、多层次发展的迫切需要，逐步形成一个层次鲜明、环节紧密、配合默契的妇女工作新格局。要推进妇女工作的兼职化和社会化，建立以社会志愿者为主体的妇女工作队伍，支持和引导她们实现自我教育、自我管理、自我服务和自我发展，使之成为新时期妇女工作的组织者、参与者和受益者，从根本上改变妇女工作“上面千条线，下面一根针”的局面，真正实现妇女工作的社会化、群众化。

2. 发挥妇联和女性社会组织整合社会资源功能

从当前我国的治理角度看，政府占主导地位，行政组织依然控制着大量的社会资源和管理着社会公关的公共事务。从社会管理的角度看，妇联和女性社会组织是重要力量，尤其是女性社会组织更了解妇女群众的具体需求，及时向政府和妇联反映妇女群体的利益和需求，为政府有关部门制定性别平等的公共政策提供决策参考咨询，并通过非官方的力量动员和增加社会资源，管理社会的公共事务和从事一些政府无力顾及的社会公共服务，使得社会资源得到合理的分配。女性组织在参与社会管理中，要保持自身自治的独立品质，与政府及妇联寻求一种平等的合作关系，三者之间形成一个良性互动和有机合作机制，以期更好推动妇女儿童事业的发展，服务于大众。

3. 健全妇联及女性组织自身的管理机制

女性社会组织的健全，必须充分发挥制度的约束和激励效用，不断增强自主、自立和自治能力，实现组织治理的规范化、科学化、民主化。特别要培育组织的领导能力。基于本市女性组织的发展状况，应进一步强化自律和诚信意识，积极建立会员代表大会、理事会、常务理事会等内部管理制度，实行民主的管理，让全体会员拥有统一的组织宗旨和使命。并通过组织的章程和自律，引导会员遵守国家的法律法规和社会公德，树立良好的社会形象，提高社会公信度。除此，女性社会组织还需积极参与社会管理，通过合法的渠道，参政议政，表达合理的组织利益，并合理发挥对政府的监督功能，以促进社会的和谐发展。

（四）以情感为圆心放大组织的社会功能

1. 努力提升各级妇联及女性组织工作人员的服务意识和服务能力

提升各级妇联及女性组织工作人员的服务意识和服务能力是重中之重。要坚持理想信念和群众路线，着力拓展妇联组织代表性，着力夯实妇女工作的群众基础，着力提高运用现代化方式做好妇女群众工作的能力，通过服务妇女的实体网络和妇联网站、微博、手机报等虚拟网络，与妇女儿童和家庭建立广泛联系，提供有效服务。

2. 强化基层社区妇女干部培养

扎实推进妇联干部下基层蹲点联系制度和“走基层、访妇情、办实事”活动，强化妇联干部作风建设。加强居村妇代会主任后备干部和女大学生村官的培养和储备。加强学习，开阔视野，提升素质，举办全市妇联系统干部高级研修班，不断加强青年干部培养和优秀女干部的举荐工作。

3. 发挥各类女性人才在基层社会治理中的作用

女性社会组织中聚集了大量优秀的女性人才，是各类女性资源的聚集地，是搭建优秀女性展现自我的平台。女性组织内部蕴藏着巨大的财富，女性社会组织应按照自身的组织特点制定人才计划，积极探索吸引人才、培养人才、留住人才的用人的机制和激励机制，如可以采取浮动工资制，将工作量化，每月进行考核，奖勤罚懒，以激励员工的进取心。除此之外，女性组织在吸引社会力量时，可以到高校开展公益讲座，鼓励大学生积极加入志愿者服务的行列。

4. 增强女性组织社会影响和拓宽筹集资金方式

女性组织发展尚处于初级阶段，要承接政府转移的职能还存在规模小、影响力不足等问题。因此要加强自身素质和能力建设来扩大社会影响力，学会运用社会公众中的资源，并同时接受公众的评判与监督。社会公众资源，有助于女性社会组织摆脱对政府资源的依赖，如女性组织可以将筹集到的资金实施情况向社会公布，以保证资金利用的高效率。同时也有利于女性组织的形象，提高其公信力，从而吸引更多的捐赠资源，此外，面向弱势群体的女性组织可以注重多引进国外 NGO 组织的资源渠道，与国外 NGO 合作，承接项目，获取经费，最终目的还是使女性群体受益。

（五）探索中青年女性参与基层社区治理的路径

在机关与社区共建联建活动中，妇联和女性组织要探索女性在职党员中在居住地发挥作用的有效途径，拓宽女性党员服务群众、服务社区、服务社会的渠道。

1. 发挥在职女党员在基层社区治理活动中作用

将“双向三卡”落到实处，在职党员持活动卡到社区参加活动，登记卡由社区保管并记录活动情况，年终社区再以“反馈卡”的形式，把在职党员一年来的活动情况反馈给其所在单位党组织，激励在职女党员在报名后实际参与到社区治理中。

2.激发中青年女性参与基层社会治理的活力

坚持以切实发挥女党员作用为目的，积极开展爱心捐助、志愿服务、政策咨询、协调办事、活动参与等形式多样的社区活动，使在职女党员在社区建设中真正发挥各自应有的聪明才智，以需求激发中青年妇女参与基层社会治理的活力。

（六）加大妇联及女性组织参与社会治理的宣传力度

1.积极营造健康的女性和家庭形象

主流媒体增加对妇联及女性组织在基层社会治理中典型事例的宣传，提高政府和社会对妇联及女性组织作用的社会认同度，营造正面健康的女性和家庭形象。

2.关注在社会文化中和谐性别文化的建立

对大众传媒中歪曲妇女形象、传播性别歧视、虚夸家庭矛盾的现象，可以和妇女传媒监测网络联合，对大众传媒实施监控，定期发布大众传媒监控信息；和社区联合，组建社区演出队，通过小品、戏曲、舞蹈等形式，来宣扬积极的性别文化和家庭关系。

第四章

居民参与和基层社区治理的推进

治理理论认为,治理反映的是各种行动主体“共同参与和相互协作”的网络关系,政府已不再是“社会权力的唯一中心”[①]。我国改革开放40年来,随着经济和政治体制改革的不断深入,在中国城市基层社会管理制度变迁过程中,城市基层社会管理体制从单位化逐渐向社会化转型,党的十八大以来,中国的城市社区建设已由管理走向治理阶段,十八届三中全会进一步提出要实现国家治理体系和治理能力现代化。社区作为国家治理的基本单位和基层社会发育的重要体现,无论是社会治理强调的多元参与还是民主政治强调的基层群众自治,居民参与都是题中的应有之意。在传统的科层制管理体系之下,行政整合过度与社区自治能力不足一直成为城市基层社会管理面临的现实困境。解决居民参与基层社会治理难题非一日之功或一技可解,存在于政治、经济、文化、社会等多个维度的改革和变迁。居民参与社区治理的影响因素众多,诸如制度、利益、文化和意识等都在影响因素之列。为了突破居民参与不足的瓶颈,治理者做出了多种尝试。创新扁平化的自组织社区参与体制和协商民主治理机制,营造居民参与社区治理的文化氛围,赋权增能提升居民参与社区治理的主观能动性,撬动“政社企居校”多个治理主体,实现多主体资源的有效整合和治理网络的有效建构,才能推动社区治理的居民参与进程。

---

① 陈天祥、杨婷:《城市社区治理:角色迷失及其根源——以H市为例》,《中国人民大学学报》2011年第3期,第129-137页。

第一节 居民参与社区治理的历史脉络和时代要求

一、居民参与社区治理是新时代对群众路线和人民民主的继承和发扬

（一）新民主主义革命时期的居民参与

1949年，经历了28年的革命历程，中国共产党建立了自己的新政权——中华人民共和国。中华人民共和国追求真正的人民民主共和，强调人民是国家的主人，国家的权力来源于人民、服务于人民、受人民监督。事实上，中国共产党从诞生之日起，所选择的政治路线从来都与人民群众紧密相连。

1922年党的二大通过的《组织章程决议案》指出："党的一切运动都必须深入到广大的群众里面去。"[①]1928年党的六大作出了"党的总路线是争取群众"的重要论断。同年11月，李立三根据党的六大精神指出，在总的争取群众路线之下，需要尽最大的努力到下层群众中去。[②] 这是我们党的领导人首次使用"群众路线"这一概念。1929年9月，由陈毅起草、经周恩来审定的《中央给红四军前委的指示信》中三处提到"群众路线"，即筹款工作要"经过群众路线"，没收地主豪绅财产要"经过群众路线"，红军给养问题也要"渐次做到由群众路线去找出路"。[③] 这是在党的正式文件里第一次出现"群众路线"这个概念。1943年6月，毛泽东在为中央起草的《关于领导方法的若干问题》一文中，对党的群众路线的工作方法进行了精辟概括，毛泽东指出："在我党的一切实际工作中，凡属正确的领导，必须是从群众中来，到群众中去。"[④]毛泽东在《论联合政府》一文中还进一步阐述了党的群众路线的核心内容："我们共产党人区别于其他政党的又一个显著的标志，就是和最广大的人民群众取得最密切的联系。全心全意地为人民服务，一刻也不脱离群众；一切从人民的利益出发，而不是从个人或小集团的利益出发；向人民负责和向党的领导机关负责的一致性……这些就是我们的出发点。"[⑤]毛泽东把"和最广大的人民群众取得最密切的联系"作为党的三大优良作风之一。1945年，在党的七大上，刘少奇在《关于修改党章的报告》中专门论述

---

① 中央档案馆编：《中共中央文件选集（第1册）》，中共中央党校出版社1989年版，第90页。

② 罗平汉：《中国共产党群众路线思想史》，人民出版社2013年版，第30页。

③ 周恩来：《周恩来选集》（上），人民出版社1980年版，第35－39页。

④ 毛泽东：《毛泽东选集》（第三卷），人民出版社1991年版，第899页。

⑤ 毛泽东：《毛泽东选集》（第三卷），人民出版社1991年版，第1094－1095页。

了党的群众路线的极端重要性，并将它提到了党的根本的政治路线和组织路线的高度，党的七大通过的新党章，是我们党第一次在党章中系统地阐述群众路线问题。

在新民主主义革命时期，国内尚未提出关于居民参与的理论概念，但共产党赖以成长壮大的群众路线其实就是人民参与、群众参与、居民参与，正是由于在革命斗争的实践中不断丰富和发展了群众参与革命，让帝国主义、封建主义和官僚资本主义陷入了人民战争的汪洋大海之中，才有了新民主主义革命的伟大胜利，才有了人民民主共和，可以说群众参与是中华人民民主共和国建立的政治基础。

（二）社会主义革命和建设时期的居民参与

新中国成立之后，人民民主共和制度成为我国的根本政治追求，人民至上成为人民民主共和国的政治基础，群众路线也得到进一步发展。人民代表大会制度、政治协商制度、民族区域自治制度和基层群众自治制度等基本政治制度无一不体现出人民民主、人民参与的深刻内涵。

1956 年 9 月，中共八大上邓小平在《关于修改党章的报告》中概括：一是人民群众必须自己解放自己，党必须密切联系群众和依靠群众，每一个党员必须养成为人民服务，向人民群众负责，遇事同群众商量，和群众同甘共苦的工作作风；二是党的领导工作能否保持正确，决定于它能否采取“从群众中来，到群众中去”的工作方法，党必须根据群众的实践来检验自己的工作。[①] 党的八大党章第一次写入了“群众路线”的概念。改革开放以来，1981 年党的十一届六中全会上通过的《关于建国以来党的若干历史问题的决议》：“群众路线，就是一切为了群众，一切依靠群众，从群众中来，到群众中去。”[②]把实事求是、独立自主和群众路线确定为毛泽东思想三个活的灵魂。

在不断前进的过程中，脱离人民、脱离群众的惨痛教训也在不断地警醒我们群众路线和人民民主的重要作用。第一次是 1958—1960 年“大跃进”运动和人民公社化运动，使得以高指标、瞎指挥、浮夸风和“共产风”为主要标志的“左”倾错误严重泛滥。第二次是 1966—1976 年“文化大革命”运动，“文化大革命”名义上是直接依靠群众，实际上是使党员脱离了党组织，广大党员停止了组织生活；党组织脱离了群众，党内和群众对“文化大革命”抱有疑问的同志遭受不同程度

① 邓小平：《邓小平文选》（第一卷），人民出版社 1994 年版，第 217 页。

② 中共中央文献研究室：《三中全会以来重要文献选编》（下），人民出版社 1982 年版，第 834 页。

的打击，党组织陷于瘫痪半瘫痪状态，党的各级领导干部普遍受到批判和斗争。这两场运动的发动是脱离群众、脱离实际、主观臆想的结果，严重损害了群众利益，造成国家和人民的巨大损失和严重困难。

从革命时期到社会主义建设时期，从群众路线到人民民主，人民至上、人民参与一直是共产党革命征程和执政之路的显著标志。历史一次次证明，人民群众是历史的推动者和创造者，只有动员起人民群众的广泛参与才能取得社会主义革命和建设的成功，在实现中华民族伟大复兴和全面建成小康社会的远大目标面前，在推进国家治理体系和治理能力现代化的视野下，最大限度的发动群众力量、聚集群众智慧，在城市基层社区治理层面即表现为最大限度的发动居民参与。

二、居民参与是社会主义建设过程中加强城市社区管理的重要机制

（一）必要手段：作为新中国成立初期党和政府加强社会管理的居民参与

新中国成立后，党和政府的工作重心从农村转移到城市，“单位制”城市社区管理模式是新中国成立后最早出现的城市社区管理方式。在计划经济时期，大多数城市居民通过各类党政军机关和国有企业被整合进不同层级、不同大小的单位之中，形成了“街居—单位”二元制城市社区管理模式，政府掌握并垄断所有社会资源，通过个人所属单位进行分配，单位就是社区、社区就是单位。很多大型单位会自办教育、医疗、企业供应生活资料，工作岗位可接班继承，按照既定设想，城市居民的生老病死、衣食住行都与单位息息相关，不出社区基本能解决一个人一生的基本需求，单位成为国家管理社会的组织手段。① 在这一时期，居民参与社会管理因受到单位管理体制的限制而显得比较被动，对单位的依附性强，居民的社区参与行为多体现为“形式主义”。

“单位制”虽然减轻了国家管理社会的行政负担，但始终无法做到穷尽所有的社会人，无法满足对一些无单位人员管理的需要。因此，“街居制”为了弥补“单位制”的不足被逐渐催生出来，居民参与作为党和政府管理社会必要手段的作用逐渐显现，但这一时期居民参与社区管理的作用非常被动，发展也非常缓慢。

1950 年中央政府在全国范围内设立了城市居民自治组织，1954 年第一届全国人民代表大会常务委员会第四次会议制定并颁布了《城市街道办事处组织条

① 黎智洪：《从管理到治理——我国城市社区管理模式转型研究》，经济日报出版社 2014 年版。

例》和《城市居民委员会组织条例》,在全国普遍推行居民委员会制度。1958 年全国开展“大跃进”运动,各地纷纷建立人民公社取代了街道办事处。1965 年国家纠正了城市人民公社的做法重新恢复了街道办事处和居委会。1966 年“文化大革命”开始,街道办事处纷纷改名为“街道革命委员会”,居委会改名为“革命居委会”,实行党的一元化领导,成为阶级斗争的工具。在这段时期,居民委员会作为基层居民自治组织,在自我管理、自我服务和自我决策等公共事务上,不具备独立处理权,存在的价值和意义更多是为了实现对单位管辖范围之外的人口管理职责。可以说,居民参与和社区管理在这段时期都是做为“单位制”管理模式的补充,并严重依附于“单位制”而存在的。

(二) 工作方法:作为从单位制到社区制转型中政府加强社会管理的居民参与

1. 居民参与在社区建设中的作用逐渐显现

“文化大革命”结束后,街道办事处和居委会名称得以恢复,1980 年全国人大常委会重新公布了 1954 年的《城市居民委员会组织条例》,再次明确了城市街道办事处的政府派出机构地位。可见,虽然经历了数次更名易职,但街道办事处和居委会作为中央政府基层管理机构的地位始终存在,并在每次中央的拨乱反正中得以巩固。进入 20 世纪 80 年代,城市居民委员会的地位和作用得以不断加强。

1982 年《中华人民共和国宪法》首次将城市居民委员会制度确认为城市基层社区自治制度,明确了城市居民委员会的自治组织性质和功能。至此,街居制被正式写入宪法,成为我国当代居民参与社区治理的制度基础。1989 年,《中华人民共和国城市居民委员会组织法》颁布,对居民委员会的性质、任务、构成原则、机构设置、经费来源等等做出了明确的规定,社区建设中的居民参与体制进一步得以明确 。

进入 20 世纪 90 年代,随着市场经济的不断推进,工业化、信息化、城镇化快速发展,人口、信息、知识、资源、财富流动性增强,城市社会结构发生变化。城市社区由原来的单位制、熟人社会转变为社区制、陌生人社会,城市基层由原来“单位制”下的“集体和团结”走向“社区制”的“陌生和松散”,原来由单位承担的社会责任被迫转移,并最终由社区兜底,社会问题社区化现象不断显现。1991 年时任民政部部长的崔乃夫从加强城市基层政权建设,增强城市基层政权组织凝聚力的角度,明确提出了城市社区建设。当时崔乃夫就提出社区的事情不能光靠政府,还要充分发挥社区居民的力量,两条腿走路。1992 年召开的“全国城市社区建设理论研讨会”开始重视居民在社区治理中的地位,此次会议之后,社区居民是促进社区建设与发展的动力，要给予居民参与权利、激发居民参与热情这些理念在全国范围内得到广泛认同。在这一时期，由于社区的建构是出于将单位制解体后模糊的城市空间改造为标准化与清晰化的国家治理空间的需要，而不是为了建构一个独立于国家的公共领域，社区参与也是为了整合民众对政权体制的支持，而不是给民众赋权、让其参与政治决策过程并形成监督与制约国家权力的能力。[①] 因此，居民参与的形式、内容与特点，还是以政府主导模式为主，政府对居民参与从内容到形式进行严格控制，主要表现为政府是居民参与的发起者和组织者，居民参与形式和内容取决于政府的设计，政府动员居民参与是为了政治社会化的目的。用社区治理的视角来看，居民仍然处于低度参与状态。[②]

1996 年 3 月，时任总书记的江泽民同志在参加八届人大四次会议上海团的讨论时指出，要大力加强城市社区建设，充分发挥街道办事处和居委会的作用，对社区建设提出了新的更高的要求。1998 年机构改革中，国务院明确赋予民政部“指导社区服务管理工作，推动社区建设”的职能，“社区建设”概念正式被国务院认可，我国社区建设有了制度保证。1999 年，民政部制定《全国社区建设试验区工作方案》，提出培育和建立与社会主义市场经济体制相适应的社区建设管理体制和运行机制，并在全国 10 个城市的 11 个城区建立了实验区，至此，我国开始了对社区建设、社区管理运行机制和发展模式的探索。在 20 世纪 90 年代中后期社区建设的发展过程中，居民参与在社区建设层面逐渐得到发展。在这一时期，虽然在社区建设和治理过程中仍由行政力量主导社区发展，但居民逐渐参与到社区各类活动中，社区志愿者群体也得到拓展，社区居民的整体参与意识和参与能力得到显著提升，居民参与在社区治理过程中的作用日益显现。如 1996 年，上海提出了按照“小政府、大社会”原则，积极探索“两级政府、三级管理”的新体制与新机制，就是对居民参与社区管理和社区建设的尝试和探索。[③]

2. 走向更加主动、社会化的居民参与

2000 年 11 月，民政部《关于在全国推进城市社区建设的意见》(中办发〔2000〕23 号)颁布，确定了地方党委和政府领导、民政部牵头、有关部门配合、社区居民和社会力量广泛参与的新的社区建设工作体系。23 号文件的发布明确了社区居民参与社区建设的基本内容，为城市社区居民参与社区建设提供了政策基础，社区居民逐渐由被动参与转向主动参与社区建设和社区发展。紧随其

---

① 方亚琴：《我国近十年城市社区参与研究述评》，《城市观察》2012 年第 5 期，第 181－187 页。

② 彭惠青：《城市社区居民参与研究——以武汉市社区考察为例》，华中科技大学出版社 2009 年版。

③ 杨家璇：《城市社区治理中居民参与问题研究》，郑州大学硕士论文，2017 年。

后，2001年民政部印发的《全国城市社区建设示范活动指导纲要》(民发〔2001〕198号)及民政部相继召开的青岛会议、四平会议，不断总结全国范围内的社区建设经验，命名全国社区建设示范区(市)，带动了大部分省、自治区、直辖市对社区建设的关注和重视，从"十五"规划开始，全国范围内社区建设进入整体推进、全面拓展阶段，在全国范围内先后涌现出上海模式、沈阳模式、江汉模式、青岛模式、武汉模式等一批社区建设的典型，形成了许多具有地方特色的社区治理模式。

十八届三中全会关于推进国家治理体系和治理能力现代化的目标设定从战略高度为居民参与社区治理奠定了政治基础。十九大明确提出要形成人民当家作主，共建共治共享的社会治理格局。十九大报告中还进一步明确提出：加强社会治理制度建设，完善党委领导、政府负责、社会协同、公众参与、法治保障的社会治理体制，提高社会治理社会化、法治化、智能化、专业化水平。加强社区治理体系建设，推动社会治理重心向基层下移，发挥社会组织作用，实现政府治理和社会调节、居民自治良性互动。党和国家再次把推进居民参与，加强社区治理绘入国家发展蓝图，为社会治理中心向基层移动，完善公众参与社会治理体制、机制，发挥居民参与在社区治理、社会治理中的作用提出更高要求。

三、居民参与是新时代"共建共治共享"社区治理格局的内在要求

(一) 从管理到治理：居民参与是加强社会治理的重要组成部分

党的十八届三中全会把推进国家治理体系和治理能力现代化做为全面深化改革的总目标，党中央的执政理念由政府自上而下的"管理"转变为政府自上而下与社会自下而上相结合的"治理"。"管理"到"治理"，从过去的政府单个主体"管理"变为多个主体"治理"，治理理念的转变赋予了社会组织和个人参与社会治理更大的发言权。社区作为国家治理结构的基本单位，社区治理既是国家治理在基层社区的体现，也是国家治理体系和治理能力的基石，国家治理体系和治理能力现代化在城市社区体现为社区治理能力的现代化。居民参与社区治理是实现基层群众自治，实现基层社区治理现代化的应有之意，居民参与社区治理既是推动居民自治的关键，也是实现国家治理体系和治理能力现代化的出发点。而作为我国基本政治制度之一的基层群众自治制度在城市社区也体现为社区居民自治。无论是社会治理强调的多元参与还是民主政治强调的基层群众自治，都是人民当家做主、人民共建共享共治的集中体现。十八届三中全会上由"社会管理"到"社会治理"的变化，吹响了开启新时代共建共治共享新格局的冲锋号。

（二）居民参与是基层社区"共建共治共享"新格局的核心力量

著名学者帕特南通过实证研究得出，积极的市民参与和大量的市民组织是促进民主制度良性运转和基层"善治"的主要动力；这些积极参与的市民组织构成了促进合作的社会结构，它们不但具有为个体成员提供参与、互动机会和灌输合作习惯、团结意识及公共精神的内部效应，而且其形成的密集社会网络可以增强市民群体利益表达和聚合能力，从而对更大范围的政体具有外部影响，因此能够促进基层治理。[①]

信息技术的普及让越来越多的社会成员开始关注政府决策，加入政府决策的讨论，进而产生对政府决策的影响力。越是在基层，群众对政府决策的影响力越大，通过居民参与社区治理这种直接民主落实基层自治，全方位扩大居民直接管理社区事务的制度渠道，发挥社区居民的主体性、自主性、独立性、自觉性，可以有效地打通科层制结构上传下达的双向渠道，让社区成为上层决策自上而下，基层意见自下而上的双轨交汇平台，让居民看得到发展的目标、决策的缘由、政策的变化、建议的反馈，让政府听得见居民对政策的态度、个人的诉求、提出的建议，可以有效地汲取群众的智慧、听取群众的声音，把问题解决在基层。

对社区而言，居民参与社区决策制订客观上增强社区决策的科学性和合理性，主观上增强社区居民对社区决策的信任度和认同感；居民参与社区活动和社区事务客观上营造积极和谐的社区氛围，主观上增强居民对社区的归属感；居民参与社区监督客观上为社区决策的公平公正保驾护航，主观上提升社区党组织、居委会在居民心中的公信力。居民参与社区治理的深度和广度决定了城市社区的自治程度。基层民主治理的实现能有效推动更大范围和更高层面的民主治理，居民可以通过参与社区治理进而学会参与决策制订、决策执行和决策监督，通过参与社区治理提高居民参与意识、参与能力和参与水平，进而在更高层面参与社会治理，最终达到国家层面的社会治理，实现国家治理体系和治理能力的现代化。只有实现了在社会最基层的社区的共建共治共享，才能寻求更高层面上全社会的共建共治共享。居民参与是开启城市社区共建共治共享新格局的核心力量，也是开启社会共建共治共享新格局的基础力量。

---

① 石发勇：《业主委员会、准派系政治与基层治理——以一个上海街区为例》，《社会学研究》2010 年第 3 期，第 136 - 158 页。

第二节 居民参与社区治理的影响因素和模式创新

一、居民参与社区治理的影响因素

（一）基层民主制度是居民参与社区治理的政治基础

1. 从行政推动到居民自主参与

新中国成立后，为了整合分散的基层社会，防止社会失序，政府借助官僚科层组织工具来填补基层社会管理的真空，各级政府的目标任务层层分解，最终由社区兜底，过度的行政渗透使社区逐渐失去了自我调节的能力。随着中国城市社区由单位型社区向社会型社区转变，单位人身份的光环逐渐淡去，社会人身份转变逐渐完成，社区人身份开始显露。与此同时，社会事务复杂程度逐渐提高，但社区管理制度及其执行却滞后于社区实践创新的努力，社区工作行政化、官僚化程度不减，过度的行政渗透既增加政府行政成本，又导致社区居民产生对社区治理的"无权"感，削减了居民参与社区治理的动力。①

我国城市居民的社区参与度低的主要原因之一在于，我国城市居民的社区参与主要是一种由政府及其代理者安排和动员下的他组织社区参与，因此要提高居民社区参与度就要在居民社区参与方式上实现由他组织为主导向自组织为基础的整体转换，提升社区自组织能力，而居民社区参与方式的转换不可能在当前的制度安排中实现，必须首先进行相应的制度革新。② 而科层制作为现代政府的主要管理形式，分门别类，依法办事，但社区是老百姓的家门口，社区里发生的形形色色和家长里短的小事大多数都跨法规、跨部门，没有法律或在法律模糊地带，处理起来靠的是"天理人情"而非"法治"，科层制解决基层问题，成本太高，效果太差。③ 在基层社区，解决社区居民内部矛盾最好是由组织起来的社区居民自己来解决，以居民参与取代政府管制，以居民自组织参与取代由政府及其代理者安排和动员下的他组织参与，才是提高社区居民参与度，疏通基层社区治理瓶颈的正确方式。我国的基本政治制度之一是"基层群众自治制度"，基层群众自治组织理应是科层制体系之外的扁平化组织，通过社区自组织培育构建社区

---

① 尹浩：《"无权"到"赋权"：城市基层社会治理的新机制》，《南昌大学学报（人文社会科学版）》，2016 年第 5 期，第 22 - 28 页。

② 方亚琴：《我国近十年城市社区参与研究述评》，《城市观察》2012 年第 5 期，第 181 - 187 页。

③ 潘维：《信仰人民——中国共产党与中国政治传统》，中国人民大学出版社 2017 年版。

居民参与的扁平化组织，让居民自己解决居民之间的矛盾和问题，这个解决问题的过程可以通过协商民主来完成。

2. 优化居民参与社区治理的协商民主机制

十九大报告在关于发挥社会主义协商民主的重要作用的论述中，明确提出众人的事情由众人商量是人民民主的真谛，要推动协商民主广泛、多层、制度化发展，统筹推进多种协商民主方式，加强协商民主制度建设，形成完整的制度程序和参与实践，保证人民在日常政治生活中有广泛持续深入参与的权利。

协商民主是“通过自由而平等的公民之间的讨论进行决策”①，在吸收各方利益主张的基础上，设计出具有公共性、包容性的利益分配方案。② 有效利用协商民主这一民主形式的关键是各方能够获得一个平等而充分的发言和被倾听的机会，协商的意义并非某一方“胜出”，而在于方案的优化。社区治理中的协商民主是十九大报告中提到的基层协商的重要载体。通过协商民主推进社区居民和社区各类组织之间平等对话、理性讨论，明确各方权利责任，做出兼顾多方权益的决策，解决社区治理的难题，是居民参与社区治理的有效实现形式，也是推进基层人民民主的有效实现形式。通过在社区居民公共利益基础之上搭建协商民主平台，培育社区居民的协商民主意识和能力，引导社区居民参与协商民主过程，保障协商民主结果对最终决策的影响力，是基层协商民主的价值所在，也是在居民参与社区治理的政治推动力。加强协商民主制度建设，只有在社区居民参与社区事务的共谋、共建、共管、共治、共评、共享之中不断尝试和创新，才能涌现越来越多的参与实践，形成并优化基层协商民主制度。

3. 以利益推动居民参与社区治理的理性回归

霍尔巴赫认为，利益是人类行动的一切动力。利益产生政治，同时需要政治调节，利益造就公权力，同时需要公权力保护。公权力从大的方面讲是国家，从小的方面讲是利益共同体，社区就是居住在社区内的居民的利益共同体。因此从原始驱动力的角度来看，社区参与的实质是利益参与，利益关联越紧密，居民参与动机越强烈。③ 就城市社区而言，一是需要居民之于社区有利益诉求，二是社区公权力有能力满足居民的利益诉求，三是利益诉求得以满足的成本不高，满足这三个条件，就能推动社区居民参与社区治理的理性回归。要解决这三个问

---

① 〔美〕约·埃尔斯特，周艳辉译：《协商民主：挑战与反思》，中央编译出版社 2009 年版。

② 陈吉利、叶肖华：《参与、协商和社区——创新社会管理的元制度》，《理论月刊》2011 年第 10 期，第 130 -132 页。

③ 徐勇主编，邓大才等：《中国城市居民自治有效实现形式研究》，中国社会科学出版社 2015 年版。

题：一是通过精准调研抓住居民社区利益和社区诉求的关键点，有效的将居民的注意力转移至社区内部，引发居民对参与社区治理行为的兴趣。二是社区内培育扁平化自组织作为社区治理主体代替由政府及其代理者安排和动员下的他组织社区参与，构建社区共建共治共享的组织结构，为居民参与社区治理行为提供组织归属。三是搭建协商民主议事平台，通过制度建设保证协商民主的公平公正有效，为居民参与社区治理行为提供制度保障。当社区居民的利益诉求显现，能找到具有共同利益诉求的其他居民与其结社，并能以较低成本获得社区内部解决渠道，社区居民会减少因利益受损而产生的情感冲动，并不再谋求更高成本的外部解决办法，理性回归到社区内部的解决道路上来。不同的居民诉求不断通过社区内部组织的协商民主平台得以解决，推动居民参与社区治理的行为不断得以强化和巩固。

（二）参与氛围营造是居民参与社区治理的文化基础

1. 居民对社区的情感归属是居民参与社区治理的内在驱动力

经由情感推动社区居民参与是一个不断建构的过程，其基础是居民之间较为频繁的交往和互动。随着社会的发展和信息技术的普及，即使在相互陌生且居民异质性很大的社区，通过网络、社团、动员等手段也能逐步建构起社区认同感。毋庸置疑，情感认同与社区参与相互促进，对社区的认同感越强，越容易促进社区居民关注社区事务、参与社区活动，进而产生参与行为。居民参与社区事务越多，越容易在社区内建立良好的社会关系，产生社区自豪感和主人翁意识，提升社区的归属感和认同感。广泛的社区参与产生社区公共意识，社区公共意识进一步约束和激发社区参与行为，社区公共意识的形成会加强社区成员对社区公共事务的责任感和义务感，并且，即使在参与某种活动的动机不明的情况下，当参与者之间有了情感联系，也会使参与者从中获得的愉悦感更强烈。①

在中国，与情感相关的社区参与包括引导性的参与（社区引导志愿行为）和自发性的参与（自娱自乐的活动团队）。社区中的引导性参与更多地体现为中国本土性文化资源（人情、面子）以及私人（或小团体）之间的信任和互惠机制发挥的重要作用，形成了“社区居委会—积极分子—普通居民”的动员路径，动员之下的社区参与带有很大的表演性和仪式性，参与的积极性既非受到上级行政约束，也不完全等同于西方意义上的“志愿主义”，没有完善的动员机制则参与行为很难持续。引导性参与只有在获得良好参与体验的情况下才会得以持续，并且

---

① 李雪萍：《社区参与在路上》，中国社会科学出版社 2015 年版。

在参与中认同感逐步提高，进而可能转化为自发性参与。社区中的自发性参与在参与之初更多地体现为社区居民因自娱自乐而发起的文体活动团队，积极性高但纯属民间自发形成，参与者众多但组织相对松散、成员流动性大，与社区缺乏硬性连接。这类居民自发组成的社区团体可通过为团队提供物资支持、技术支持、展示平台等方式增强团队的凝聚力和认同感，同时强化团队与社区的有效连接，进而引导培养团队的志愿行为，成为自发性志愿团体。与情感相关的居民参与行为要通过正面引导强化情感归属，将自发的、松散的、无意识的参与行为引导至正规的、有意识的、持续的参与行为。

居民的理性参与行为和感性参与行为虽然有一定区分，但在社区这样一个相对比较小的人际交往空间内，很多时候社区居民参与行为是理性思考和情感推动并存的。理性思考对价值的追求既包括客观实际的利益，也包括精神领域的满足，物质价值和精神价值同时发挥作用。事实上在社区内部，精神价值往往会发挥更大的作用。因情感驱动而产生的参与行为也会因情感的进一步满足而逐渐走向有计划性的、理性的追求和获取。因此，合理把握社区居民对社区利益和情感的双重认同和归属在推进社区居民参与社区治理的过程中将发挥重要作用。

2. 共建共治共享的文化氛围是居民参与社区治理的外在驱动力

从文化视角来看，居民参与社区治理的动力与社会体系中长期存在的一套价值体系、信仰体系以及人们之间长期的交往方式有关。[①] 在我国，中国传统文化中的宗族文化、差序格局的人际结构、乐善好施的文化传统，共产党倡导的不计报酬、无私奉献的志愿行为和全心全意为人民服务的政治文化，都会使中国人对身边事物的关注度和公益志愿行为产生驱动力。与之相对应的主要依靠科层体系的管理体制，导致了社区既是一个代表社会的基层自治组织，也是国家整合社会的重要基础，特别是在当前居委会普遍“行政化”的背景下，社区承担着传递国家政策，执行上级政府分配任务的功能和目标，国家和社会并不是两个相对独立的领域，而是高度的耦合在一起。[②] 在这种管理体制和政治社会化的整体文化氛围下，又导致了公民文化的缺失以及公民民主意识的淡薄。十九大关于共建共治共享新的治理格局的提法，既是对构建社会治理格局的顶层设计，也是对加强公民参与意识的文化倡导。通过对共建共治共享的社会治理文化氛围的营

---

① 张宝锋：《城市社区参与动力缺失原因探源》，《河南社会科学》2005 年第 4 期，第 22－25 页。

② 唐有财、胡兵：《社区治理中的公众参与：国家认同与社区认同的双重驱动》，《云南师范大学学报（哲学社会科学版）》2016 年第 2 期，第 63－69 页。

造，打破以往科层体系管理体制的束缚，弱化社区的行政职能，强化社区的社会职能，将国家治理的大事和社区治理的小事区分开来，营造居民参与社区治理，对社区共建共治共享的整体氛围，有助于居民参与意识和参与行为由弱到强的转变，为居民参与行为提供文化上的外在驱动力。

（三）居民参与意识和能力提升是居民参与社区治理的内在条件

1. 参与意识的增强是居民参与社区治理的能动性基础

居民参与包括参与主体、参与方式和参与内容三个基本要素，其中作为参与主体的社区居民的参与意识、参与能力和参与素养，一定程度上影响甚至决定着参与方式和参与内容的选择。所有参与机制的设定都是在假设参与主体愿意并有能力参与的基础上做出的，机制的设置只是外在条件，参与主体、参与意识和参与能力的增进才是关键，没有参与意识的提升，参与机制很难有效运行。除了居民参与机制的设立、参与文化的营造，社区还可通过各种宣传手段，加深居民对社区公共事务的了解，增进居民对社区的认同感和归属感，激发居民的参与意识，深化居民的参与认知。在当前情况下，城市社区人口流动性强，破除新旧市民之间的文化壁垒，消除新市民易受排斥、歧视等现象，将社区居民凝聚成守望相助的社区共同体，以此来激发社区居民参与的积极性，培育社区居民的公共精神。①

2. 参与能力的提升是居民参与社区治理的绩效基础

在社区治理层面，赋权和增能相辅相成，制度赋权、社区赋权不足导致居民对社区治理参与意识和参与行为的冷漠，同样，当制度或政府机构赋予基层社会一定权力，社区自身却无力承担时，也会引发新的混乱。在推进居民参与社区治理的过程中，既需要强调社区居民取得社区治理权力和发展权力的过程，又需要强调社区居民获得权力的结果和状态，还需要强调社区居民拥有合理使用自身权力的能力。这是一个政府或政策不断赋权，在制度创新上给予居民或社区更多解决自身问题的权力和资源，引导和支持社区居民自觉、自我地在组织化过程中，促进需求群体自我分析与主动表达，提升解决问题的意识和能力，逐渐融入社区治理的动态过程。赋权增能技术的介入，不仅有助于达成社区治理的实质效果，而且可以预防由居民参与不完善带来的不良后果，乃至对社区治理的民主化、制度化发展都具有重要的意义。②

---

① 申可君：《城市社区居民参与机制研究》，中国传媒大学出版社 2015 年版。

② 尹浩：《城市社区微治理的多维赋权机制研究》，《社会主义研究》，2016 年第 5 期，第 100－106 页。

在具体实践上，一方面赋权通过对集体权力的分享形成治理过程的合力，达到善治；另一方面，社区居民在意识到自己有能力参与并影响社区决策的过程中，激发个人的参与意识和参与行为，在真正参与社区决策的过程中，进一步提高参与能力，提升参与效能，从而更好地利用被赋之权力。具体操作上，制度赋权将社区治理的权力分享给社区居民和社会组织，激发社区居民对社区参与和社区治理的认知，帮助个人和组织通过协商民主实现社区资源的公平分配，促进社区居民、社会组织达成其自身合法、合理的目的、能力的提升，实现自我认同、社区认同和社会认同的建构，促进社区新秩序的形成，实现社区治理的多方共赢。

二、国内居民参与社区治理模式的实践创新

随着党和政府对社会治理和社区治理工作的日益关注和推进，近年来，全国各地社区治理创新案例不断涌现。总体上看，社区治理主体正从传统的“一元治理”向“多元治理”转变，治理方式也从传统的“自上而下”向“双向互动”“多元互动”的方式转变。[①]部分城市力图探索出新型的、具有中国特色与地区特色的社区治理体制与运行机制，初步形成了可供其他城市借鉴的较为成功的居民参与城市社区治理的模式。

（一）上海模式的更新

学界一般把上海模式定义为“政府主导型社区治理模式”。上海模式的主要特征在于提出城市管理体制逐步由“两级政府、两级管理”过渡到“两级政府、三级管理”的新体制。“两级政府、三级管理”的城市社区治理体制主要体现在将社区定位于街道，把市、区两级政府相当一部分管理职能分离出来，向街道层面集聚，加强第三级管理，实现街道和居委会一体化，政府管理重心下移。[②] 政府主导模式主要依靠政府的行政力量，提供社区公共服务、完善社区治理架构、培育社区自治组织、发展社区公共参与。政府主导模式在中国具有强大的制度优势，权威性较强，能够在短时间内迅速动员各种组织和财政资源，因此具有组织动员能力强、行政效率高等特点。但与此同时，这一模式由于政府主导模式的行政干预力量强大，社会往往处于被动接受的位置，社区自治能力没有得到培育，因而与社区自治的大方向存在着一定程度的背离，形成了某种治理悖论：政府越干

---

① 葛天任、李强：《我国城市社区治理创新的四种模式》，《西北师大学报（社会科学版）》2016 年第 6 期，第 5－13 页。

② 黎智洪：《从管理到治理——我国城市社区管理模式转型研究》，经济日报出版社 2014 年版。

预,社会自我运行和社区自治能力反而越弱。如果在政府主导的过程中,适当引入公共参与,可以起到良好的治理效果,特别是在一些特大城市,社区居民的教育水平较高、民众参与热情逐渐高涨,以适当方式引入有效有序的社区参与机制,可以成为基层政府回应社会矛盾和民众诉求的实践性选择。[①]

2014 年上海对基层社区的治理模式进行了系统梳理并在实践上做出了一些推进。在上海市委"创新社会治理加强基层建设"的课题调研中,"居民参与是否充分"是调研中关注的重要问题之一。在之后出台的文件中,对加强包括居民在内的社会力量参与社会治理进行了部署,推动居民通过志愿组织、社会组织等组织载体参与社区治理,提升居民在议事会等社区平台中参与和沟通公共事务的协商能力,上海基层社区的居民参与得到了更多来自制度层面的支持。

(二) 其他社区治理模式的探索

现有的社区居民参与模式中,政府仍然发挥着举足轻重的作用,这是我国长期以来形成的管理体制带来的结果。在这种管理体制之下,实现真正意义上的居民自治、社区自治,仍然受到诸多体制性限制,缺少基本社会条件的支撑,包括体制认可、社区认同、社会组织发育、接受捐赠机制、人力资源管理方式、组织持续发展能力等等。[②] 但这样的传统条件并不阻碍我们进行新的探索。在全国范围内,很多城市社区认识到社区自治与多元主体协作治理是社区建设和治理的未来方向,治理理念逐渐由政府管理向精准治理、协同治理推进,治理主体也逐渐由政府主导向党建引领、政府治理、居民自治、市场调节、社会参与、法治保障等多元主体推进。比如杭州市上城区清波街道"一站多居"式社区治理模式,南京市雨花台区铁心桥街道景明佳园社区的"项目指导型"微基金社区治理模式,南京市雨花台区雨花街道翠竹园社区的"四方会谈"社区治理模式等居民参与社区治理的典型案例,都聚焦在社区治理——谁来治理、为谁治理、治理什么、如何治理等共性问题,通过这些问题的解决来探索和完善共建共治共享的社区治理格局。本章第三节将对南京市翠竹园社区的治理模式的形成和衍变进行详细的分析和探讨。

---

① 葛天任、李强:《我国城市社区治理创新的四种模式》,《西北师大学报(社会科学版)》2016 年第 6 期,第 5-13 页。

② 葛天任、李强:《我国城市社区治理创新的四种模式》,《西北师大学报(社会科学版)》2016 年第 6 期,第 5-13 页。

第三节　动员居民有效参与城市社区治理的南京做法

一、中高端商品房社区中居民参与社区治理路径的探索

（一）探索缘起：人际疏离引发社区居民自发集结和催生社区自组织

位于南京市的翠竹园社区成立于2005年8月，社区由Y山庄、C园两处高档住宅小区组成，占地面积40.4万平方米，居民3 036户，8 000余人，居民来自全国各地以及全球24个国家，以知识分子居多。因社区商品房定位为中高端商品房小区，因此社区本身拥有完备的娱乐活动设施和大型运动场馆，包括健身房、棋牌室、乒乓球室、儿童乐园等，室外还配备了网球场、篮球场等。但是社区成立初期，伴随社区硬件设施齐全的是社区内因居民来源广泛、人口结构复杂而导致的人文环境的陌生和疏离。

2009年1月，翠竹园社区的一位网球爱好者业主在BBS上发布网球活动招募，三天后迎来了6位业主的集结，第一次网球活动得以顺利展开并成立了网球俱乐部。经过一年多发展，俱乐部会员达到300多人，迅猛扩展为全国规模最大的社区网球俱乐部。随之，网球俱乐部的参与者们发现，单一的俱乐部已经不足以满足各个家庭成员的复合性需求。为满足居民的多重需求，2010年9月，网球俱乐部的元老着手筹备互助会，并于2010年11月举办了第一次翠竹园跳蚤市场及图书捐助活动，标志着翠竹园互助会的正式成立。2013年3月，互助会在当地区民政局注册为民办非企业单位，命名为南京市雨花台区翠竹园社区互助中心（本文简称为互助中心），2015年成立南京市互助社区发展中心。

一般来说，自组织系统是指一个系统无需外界特定指令而自发或自主地从无序走向有序，形成结构性系统的过程。[①] 包括资格、动力、机制、结构、绩效的几大基本要素。[②] 翠竹园社区从成立网球俱乐部到成立互助中心的过程中，因趣结缘，在平等、尊重、协商的基础上建立行动者之间的连接，进而形成自我管理和自我约束的组织秩序，满足了自组织建构的基本要素。事实上，趣缘性社会自组织是目前存在的最为广泛的社会自组织类型，一般情况下，只依赖于内在激励

① 吴彤：《自组织方法论研究》，清华大学出版社2000年版，第7－8页。

② 陈伟东、李雪萍：《“社区自治”概念的缺陷与修正》，《广东社会科学》2004年第2期，第128－129页。

而不需要外部力量(政府部门或社区居委会)的强制性干预就能进入自我维系状态。[①]

(二) 居民参与构建社区互助网络

从网球俱乐部到互助中心,在社区居民的参与和推动下,又成立了翠竹园互助会这一枢纽型社会组织,希望将翠竹园的社会自组织发展壮大。互助会初创后,在运作方面,致力于进行社区营造的初创人员一行于2011年夏赴美国加州太阳湖乡村俱乐部(Sun Lake Country Club)考察该社区的自组织发展情况。调研结束,激发了社区居民积极发掘社区既有资源,并对既有资源进行整合利用,营造所属社区的强烈愿望。

之后,主要成员开始着手对社区营造计划进行宣传、引导,并对社区进行深入调研,发掘潜在社区领袖。宣传与调研同步进行,通过宣传不断扩大互助会的社区影响力;通过调研对社区人口、社区设施、社区组织、社区景观、社区文化、社区治理等状况进行归纳梳理。与此同时,秉承"相信、参与、承担、互助"的价值观,通过多种方式发掘到一批愿意并有能力投入到社区互助精神倡导的社区领袖。社区领袖主要包括社区中各个组织的负责人,经济状况良好的乐善好施的社区居民,愿意协商议事的意见领袖及各类有专业背景的人士,如财务、设计、法律的专业人员等人群。在这一过程中,专项型的社区自组织不断组建,专项型社区活动不断开展,社区居民复杂的、复合性的、多样化的、模糊的、呈点状分布的各类需求逐渐被挖掘并被梳理归类,成为一个个单一的、精确的、清晰的需求。

2009年—2013年间,互助会帮助成立的社会自组织不断增多,覆盖范围不断增大,全方位覆盖社区内老人、成人、儿童文化生活的各方面,同时引入社会工作者和专业社会组织,对各个项目进行更为专业的业务支持和服务。2013年3月份,互助会在雨花台区民政局注册为民办非企业单位。

至此,翠竹园社区在9个大类目下成立了专项型的社区自组织,主要包括:一是明志书屋,作为社区公益图书馆,开启自助之风,各家捐出书籍和音像制品,实施自助借阅、自行管理,由社区志愿者担当管理员,对图书进行管理和维护,向社区开放,目前拥有书籍4 400多册、音像制品765张,每到周末,图书馆座无虚席。二是彩虹屋和跳蚤市场,全家人一起参与社区互助,设在社区服务中心的一楼大厅,一个由社区妇女儿童倡导创办的慈善商店,储物格里面整齐地归置着居

---

① 陈伟东:《邻里网络:自组织的社会结构——解读城市社区自治的一种分析框架》,《湖湘论坛》2010年第2期,第31页。

民们自发捐出的衣物，而每两个月一次的跳蚤市场，每家可在小区里摆摊，义卖自制手工品或家里闲置物资，所得收益用于小区公益。三是社区体育健身俱乐部，这是最激发社区活力的方式之一，可通过俱乐部享受场地优惠和折扣。四是社区沙龙，主打成年人的文化交流活动，涉及教育、育儿、旅游、养生、美食、文化等多种话题与热点。五是社区学院，生命周期教育，希望实现从小到老的全民教育。老人重新找到生活的快乐之源，成年人重新找到学习的意义甚至转变价值观念，儿童弥补课堂学习的不足。六是无敌少儿团，以提高少儿综合素质为目的，为社区儿童提供建筑、摄影、测量、攀岩、足球、网球、轮滑、游泳、表演、绘画、手工艺等多种活动，补充课堂教育的不足，目前组织各种活动已经累计超过 120 次，参与人数 22 500 余人次。七是居家养老，始于 2014 年，招募家有老人的中青年志愿者团队，调研社区养老的相关案例，发起老龄化时代城市社区居家养老服务展望未来论坛，并以银发餐厅作为启动项目，全面推进，真正做到老幼同乐、天伦自乐。八是社区帮扶社区，针对云南、贵州、安徽等贫困社区的立体帮扶活动。从 2012 年开始，互助会和东南大学建筑系合作，与贵州高芒村长期结对，制订了一个十年帮扶计划，除了每年捐献生活用品，还逐步为他们解决饮水、交通、校舍、学生就业等问题，而帮扶需要的资金和物资，主要靠翠竹园业主发动募捐，每年寒暑假，两地的孩子相互往来。九是社区客厅，又叫社区微中心，为一个 100 多平米的物理空间，微中心需满足社区的复合性需求，不仅有图书屋、咖啡馆、艺术角，还有俱乐部空间、社区营造展示、美食课堂、美食厨房等。社区微中心相当于枢纽组织的办公场所，在这里，业主能找到为自己服务的人，知道求助/提供帮助的方向，是社区组织和社区服务的一扇窗口。

在社区活动的开展方面，基于社区需求，翠竹园社区活动包括七大类：一是公共事务类，基于社区公权，通过协商民主、居民议事、民事调解维权等方式解决跟社区居民权益息息相关的事务，具体活动包括社区互助会理事会、业主大会及业委会，业主参事议事，志愿者服务队等。二是健康类，内容涉及生理和心理两个方面，包括医治病和残疾、寻求医疗改革，同时促进公众理解和认识健康风险，活动形式有居家养老、心理咨询、瑜伽、老年大学、健康管理等。三是环保类，致力于保护环境和传递绿色生活观念，包括垃圾分类、环保教育、工艺彩虹屋等。四是文化类，内容涉及能够被传承的国家或民族的历史、地理、风土人情、传统习俗、生活方式、文学艺术、行为规范、思维方式、价值观念等，活动形式包括社区学院、社区沙龙、英语角、美食、摄影、旅游、阅读等。五是体育类，期望通过身体锻炼、技术、训练、竞技比赛等方式达到增强体质、提高运动技术水平、丰富文化生活的目的，活动形式包括网球、羽毛球、乒乓球、篮球、足球、轮滑、跆拳道等。六是教育类，旨在为各年龄段社区居民提供学习机会，从幼儿教育到老年教育，覆盖全生命周期，同时促进先进教育理念的普及，形式包括社区学院、明志书屋、无敌少儿团、小小建筑师等。七是扶贫帮困，以“助人自助”为基本原则，帮扶贫困户或贫困地区发展生产，改变穷困面貌，包括至善黔程的支教助学、就业培训和彩虹屋的慈善捐助等。除常规性社区活动外，社区会定期不定期通过各类大型活动增加社区活动的影响力和知名度，如包括跳蚤市场、年货节等活动的社区市集，社区少儿自行车赛、少儿轮滑赛、网球赛等大型赛事以及各种综合性社区大型活动等。

最初一年多时间，互助会的架构是金字塔体系，即互助会在各个俱乐部的最上层。发展至今，互助会已有读书俱乐部、亲子俱乐部、无敌少儿团等约 70 个俱乐部，以及绿色环保志愿者、家政志愿者等志愿者组织。随后，原来的金字塔架构逐渐演变为树状体系。互助会位于树干部位，而俱乐部像树枝一样向外伸展，树枝上布满树叶，即一个个服务的个体，树干、树枝、树叶彼此供养。互助会从大地吸取养分，树叶从天空转化养分，成为互动的状态。具体操作上，互助会由各专项俱乐部推举负责人担任互助会理事，聘用一名全职执行秘书，负责互助会的所有财产和财务保管，详实记录收支，并事后汇报，公开透明。互助会除执行秘书一位是全职人员外，其余负责人多由社区全职妈妈兼职负责各项目的实际操作。互助会作为活动平台，不会穷尽所有事务，而是通过不断发掘社区新领袖，激发人们通过社区营造实现自我价值，走上社区建设和社区治理的道路。互助会运行遵循两大原则：第一是谁主张谁受益，先利己而后推己及人。所谓受益，并不指经济利益，而是在活动中，发起者提高了协调力、增加了人脉、获得了友情等，提升了社区居民的幸福感、满足感。第二是公益不是免费的。参与公益，是因为你要参与，而不是因为免费你才参与。俱乐部活动都采用 AA 制，并要求每个俱乐部的制度设计要略有盈余，以此向每个人传递信号：以有效的经营创造更多的财富回馈公益事业，才能保证公益组织的可持续发展。

翠竹园社区自组织的迅速发展壮大受益于社区互助网络的构建。互助网络是以时间为交换媒介、以未来预期为动力、以社会效益为目的的社会交换网络，是一种介于市场交换与志愿服务之间的一种社区互助网络。① 按照陈伟东的观

---

① 陈伟东：《邻里网络：自组织的社会结构——解读城市社区自治的一种分析框架》，《湖湘论坛》2010 年第 2 期，第 31 页。

点，社区互助网络是一个非对称性网络，角色上存在分离，现实提供者是未来受益者，而现在受益者可能仅仅是受益者而不能成为提供者；社区互助网络需要建立以社区居委会为信用担保的间接信任机制，预期者与现实受益者之间的信任关系是“借来的信任关系”。[①] 这类社区互助网络在交换媒介上表现为，以时间为交换中介，交换数量表现为时间储存量；在交换性质上表现为，存在着对未来回报的预期，但未来回报具有或多或少的不确定性；交换动机上表现为，社区互助网络的参与者着眼于未来福利，其动机是现在“己予人”，将来“人予己”；在绩效衡量标准上表现为，更注重社会效益。翠竹园社区从趣缘性社会自组织到互助中心再到互助会的发展过程极大地体现了社区互助网络的建构过程，社区互助网络的构建连接了社区内的人力资源，催生出社区信任机制和互助机制，又助推了社会自组织的迅速成长和壮大。

（三）枢纽型社会组织——“四方联动”社区协商民主平台

互助会为社区居民提供了一个信息互通、资源共享的互助网络平台，在各个组织的成长和各类活动不断推进的过程中，互助会带领下的居民社区参与广度和深度不断加强，进而开始了对居民自治型社区治理模式的探索。

2013 年 1 月，互助会升级为互助中心，成为注册的民办非企业组织。在经营运作上，互助中心采用了公益制度规划化、商业化的运作模式。互助中心借鉴企业 ISO 管理体系，编制质量手册，梳理各个部门与项目之间的关系，让每个活动都能定岗定责。财务上，每年活动开支在 60 万元上下，除小部分政府资助外，其他基本依靠自筹。互助中心成立两年多来，共自筹社区活动经费 100 万元有余，大多来自社区捐款、赞助及采用筹一配一模式的自我筹措等。随着互助中心架构和运营不断成熟，在社区治理框架下，倡导并成立了包括居民委员会、业主委员会、物业公司和社会组织的“四方联动”社区协商民主平台。遇到问题，四方坐下来会谈，共同商讨解决方法。

“四方联动”社区协商民主平台的建立，基于社区中普遍存在的两大不对等现象：一是信息不对等，社区问题面临的是每一个有复合需求的个体、每一个有不同利益诉求的组织，不同个体、不同组织的语言体系不同，思维各异，同一件事便出现不同解释，再加上彼此心有芥蒂，信息传递过程中极易出现信息沟通传播不畅、有误等现象；二是组织不对等，传统社区中，居民个体、业委会、物业公司、

---

① 陈伟东：《邻里网络：自组织的社会结构——解读城市社区自治的一种分析框架》，《湖湘论坛》2010 年第 2 期，第 32 页。

居委会等组织话语权不对等，经常出现相互推诿状况，无法形成合力。为了解决社区中存在的信息和组织不对等问题，建立不同组织之间沟通交流的平台是解决问题的良好渠道，在此设想的推动下，作为翠竹园社区合法的枢纽型社会组织，互助中心开始谋求和社区居委会、物业公司、开发商和业委会等组织建立良好关系，相互交换信息并进行相互帮扶以解决社区出现的各类问题，“四方平台”应运而生。“四方平台”给予多方参与者一个广泛的协商民主平台，以参与为导向对各个组织提供能力建设和资源对接服务。

“四方平台”的四方之中，居委会作为法律意义上的群众性自治组织，又是我国城市基层政权的重要基础，是党和政府联系人民群众的桥梁和纽带，衔接公安、城管、消防及各个职能部门，处理辖区内各类公共事务，在社区居民中有较强的公信力，在大多数居民眼里居委会是政府的化身。业主委员会是由物业管理区域内业主代表组成的民间性组织，代表业主利益，向社会各方反应业主意愿和要求，监督物业公司的管理运作。物业公司是专门从事地上永久性建筑物、附属设备、各项设施及相关场地和周围环境的专业化管理，为业主和非业主使用人提供良好生活或工作环境的具有独立法人资格的经济实体。物业公司在实际运营过程中通过提供很多公共服务对社区业主产生影响。互助中心作为社区自发成长起来的枢纽型社会组织，对社区内的各类俱乐部、公益行为提供支持和帮助，也是沟通居委会、业委会、物业和业主的桥梁和纽带。“四方平台”针对社区中所存在的问题定期召开联席会议，尤其是在社区建设中的大事、急事、难事，通过协商民主讨论解决方案，发挥联动机制，妥善解决问题，最终实现四方联动、协同共治的和谐状态。

社区协商民主作为社区治理中的重要一环，对社区善治起着积极有效的作用。首先，通过赋权让社区居民拥有发言的权利，不管何种类型的发言，都要积极鼓励表达；其次是通过赋权建立平等的对话机制，鼓励居民有序参与，引导合理合法理性诉求，优先鼓励居民合理合法理性的发言成果的保留，面对少数人权益被损害的情况不能忽视或逃避。多维度协商可以解决社区中存在的各类问题，既能考虑到大多数人的诉求也能避免损害小部分人的利益，从而达到社区善治的目标。

自组织社区治理模式的核心问题是居民参与。根据居民参与的深度差异可分为社区领袖、社区志愿者、社区居民三类参与者。居民参与积极性的提高和参与能力的提升是自治型社区成长的重要指标。居民参与意识培育、参与能力培养是推进自治型社区治理模式的工作重心。从社区居民喜闻乐见的文体活动、兴趣俱乐部到社区协商议事的“四方平台”，居民参与意识从文体参与上升到政治参与，居民参与能力从活动组织走向社区治理。

二、混合型社区的自组织治理模式——党政主导的自组织孵化器

（一）自组织社区治理模式的复制初衷和困境

翠竹园社区自组织社区治理模式的成功让初创者开始思考能否将此模式进行推广和复制，有效地激发社区居民参与意识和参与行为，自内而外、自下而上推进社区治理体制的形成和优化。为了推广自组织社区治理模式，2013 年 12 月，互助会按照 ISO 质量管理体系认证要求，正式出台社区互助会操作手册1.0，为自组织社区治理模式的推广和复制做准备。

与此同时，大量的社区团队到翠竹园社区参观学习之后，希望能够将这一模式引入所在社区，搞活社区人文氛围，促进社区居民参与社区治理。2014 年陆续有社区主动与翠竹园社区互助中心联系，希望翠竹园社区互助团队能为社区互助模式的异地推广和复制提供智力帮扶和技术支持。

D 社区同样位于南京市雨花台区，占地面积 4.13 平方公里，人口约 2 万人。D 社区下辖 10 个村民小组和 2 个商品房小区，属于传统村居与商品房小区并存的混合型社区，2012 年 D 社区实施“村改居”成为村社合一社区之后，拆迁安置的原住民和外来人口，老南京人和新南京人交叉混合居住，人口结构更为复杂，同时由于社区居民中相当一部分是来自五湖四海的新南京人，新、老南京人之间，新南京人之间都缺乏互融互通，彼此之间互不相识，对社区的归属感和认同感较低，邻里关系冷漠疏离，这种状况与翠竹园社区的前期状况颇为相似。因故，D 社区希望能够将翠竹园社区的自组织社区治理模式引入 D 社区，整合社区居民群体，打造邻里和谐、守望相助的社区自治文化。

精准调研中工作人员发现，与翠竹园社区居民经济水平高、学历层次高、综合素质高的三“高”状况相比，D 社区作为普通商品房小区和村改居小区的混合社区，社区居民多属于更为大众的普通工薪阶层，与处于社会中产阶层的翠竹园社区相比，D 社区的社区居民参与意愿、参与能力、参与深度都不及翠竹园社区。事实上，在前期精准调研的过程中发现，D 社区居民有参与意愿但不够强烈，有社区参与积极性但能力有限，依靠社区内成员的自发集结，自我生长、自我发展的先天条件不足。如果 D 社区要引入翠竹园社区的自组织社区治理模式，必须借助外力进行引导和推动，即从他组织开始，逐渐过渡到自组织的自我成才和壮大。

（二）党政主导下的自组织社区治理发展之路

精准调研并进行科学分析之后，D社区在社区党组织的领导下，在区民政局注册成立了“D社区互助中心”，互助中心对D社区党组织负责，互助中心法人为D社区党组织副书记，翠竹园社区互助会工作人员进驻“D社区互助中心”成为专职工作人员，帮助D社区进行互助中心的日常管理和社区营造，同时D社区安排本社区居委会工作人员，在入驻的专业人员的带领下，全程参与互助中心的日常管理和社区营造。在这一过程中，政府对社区治理状况不再进行直接的行政干预，而是通过制度激励、资金扶持的方式，引入专业力量对社区人员进行能力建设，从向居委会工作人员赋权增能，到向社区居民赋权增能，最终实现社区居民的自我管理和自我服务。具体来说，遴选社区领袖，通过为社区领袖铺路搭桥，激发社区领袖内在潜力，使社区领袖作为俱乐部的组织者、参与者在俱乐部活动中享受过程、提高能力，进而通过社区领袖的影响和带动，吸引更多的社区居民参与进来，而后发展出不同形式风格，不同年龄阶层，满足不同需求的俱乐部类型，以满足不同居民的公共需求，营造共建共治共享的社区人文氛围。

“D社区互助中心”成立之初确立了其社区营造的主要内容及方向，包括：建设一定数量的社区俱乐部，指导社区俱乐部活动，帮助俱乐部核心成员进行能力建设，建立彩虹屋（慈善商店），组织每季度一次的跳蚤市场活动，建立社区学院并进行资源整合，建设社区客厅并规范化运营，倡导社区文化以及社区帮扶社区系列活动等方面。社区营造之初，D社区互助中心通过走访、问卷调研等方式了解社区居民需求，通过党组织号召、社工引导等方式挖掘社区领袖，首批社区领袖以社区内热心公益事业的退休党员为主。之后，在帮助建立俱乐部并开展俱乐部活动的过程中，对社区领袖进行能力建设，通过网络平台、平面宣传及社区引导等方式面向全社区发布俱乐部活动方案，扩大俱乐部活动的社区影响力。在俱乐部活动及大型社区公益活动开展的过程中，不断建立和完善俱乐部及各项活动赛事制度、规则，在各种活动中不断激发社区居民潜能，培养居民参与活动的规则意识，进而提升居民幸福感和归属感，激发更深层次社区参与的主观能动性。在具体活动项目方面：

老年人是D社区活动的主要参与对象，为满足社区老年人的生活需要，互助中心入驻之后首先搭建了D社区居家养老中心。居家养老中心以家庭为核心、以社区为依托、以专业化服务为依靠，为居住在家的老年人提供文化娱乐服务，集娱乐室、健身室、阅览室、谈心室于一体。中心向全社区辐射，并对70周岁以上孤寡老人，60岁以上享受低保、生活不能自理的对象提供无偿服务；对70

岁以上生活不能自理老人提供低偿服务；对家庭经济情况尚好的老人提供有偿服务，按实际服务项目收费。服务包括：为老年人提供日间照料和居家养老相结合的服务，独居老人、空巢老人的精神关爱和生活照料服务，老人精神健康、心理健康服务，老年人健康教育、健康干预、健康促进，老年人的权益维权、和紧急救助服务，银发乐园实体的运营，孵化激发10个以上的老年人社会组织。

为了让互助中心的活动能够及时到达居民身边，互助中心创办了社区杂志——D社区幸福生活月刊，作为社区信息立体化传播的主要途径。月刊主要发布惠民、便民信息，发布社区各项文体活动的预告及总结，警民共建园地，物业服务相关信息，公益活动和志愿者的招募及业主对社区的各类感言。月刊由物业负责发放到社区居民户，其所承担的信息传递任务让社区居民，尤其是老人及小孩等不上网的群体能够感受到社区的幸福感和自豪感。

明志书屋以社区青少年为服务对象，整合社区的师资资源和青少年需求，以阅读指导课程、征文比赛和“主题活动包”的形式开展活动，强调公众参与性。在大批量居民参与的基础上挖掘、培养、输出社区领袖，实现对明志书屋的自我管理和自我服务。经过调查摸底及前期预热，明志书屋成功实现了由社区引导到自我管理的转变，每年自行组织各类阅读活动50余次。

市民学堂以社区沙龙的形式让居民学习各类文化、手工、艺术、旅游等各方面的内容，进行文化交流，增强邻里互动。每期沙龙由社区内每个俱乐部提出议题，招募主讲及参与者，每月一次，每年不少于10次。市民学堂举办的社区沙龙按照年龄分布，从老年大学——成人大学——儿童大学，涵盖社区老中青各个年龄段，注重增强群体内部的邻里互动。

无敌少儿团旨在培养和提升社区内3～12岁少年儿童的综合素质。通过在社区中激发家长参与互助教学和引入专家志愿者团队，为社区儿童提供趣味体育、自然探索、人文科学、才艺比拼、生活技能等方面的活动参与机会，让不同年龄的孩子在有效的组织下，在游戏中学习，在参与中体验，培养孩子自助、自立、自强，培养孩子之间互帮互助，补充课堂知识的不足，弥补独生子女的缺憾，建立孩子之间的信任感、对社区的归属感。主要活动内容包括：户外拓展活动、亲子活动、四点半课堂、寒暑假托管、学习辅导、文体艺术活动训练等。

社区微中心是社区活力的激发地，社区资源的对接处，全天候的满足各种人群的需求，同时是社区社会组织发展中心的办公场所，为所有社区社会组织提供支持和帮助。社区微中心先后打造了社区美食厨房、社区俱乐部活动中心、社区咖啡馆、社区微剧场、社区儿童游乐区、社区母婴活动区等社区活动场地和活动项目。

国家级社区体育健身俱乐部。D社区依托社区周边一大型体育公园的优势，打造了全国社区体育健身俱乐部示范基地。每年定期举办常规体育项目培训，组织兴趣俱乐部常规赛事，并举办春季轮滑赛，夏季嬉水嘉年华，秋季自行车赛等大型社区体育参与活动，承办南京社区网球联赛。

经过几年的探索和实践，D社区现有自组织54个，大型活动及赛事40余场/年，常态化社区自组织活动服务2 350场/年，服务人次达到82 250人次；激发注册志愿者达到居民总数的13%；项目善款超过5万元。

随后，D社区充分利用互助中心营造出的良好的社区人文氛围，进一步带动社区居民参与社区治理和社区决策，建立了社区事务听证会、社区党建联席会、社区居民评议会和社区民情恳谈会4个民主议事载体，作为畅通民意、政务公开和居民自治的重要平台，激发居民的参与意识、民主意识和自治意识，引导社区居民关注社区、关心社区、关爱社区。

（三）D社区的自组织成长路径及思考

D社区的社区自治之路与翠竹园社区不同的是，翠竹园社区的自治之路纯属居民自发内生，而“D社区互助中心”从成立到运营都是由社区党组织主导推进的，是在社区党组织和社区居委会的大力支持之下得以运转起来的。互助中心对社区党组织负责，专职工作人员由互助中心聘用，活动场所由社区在办公用房中免费供给，社区每年提供互助中心专项经费42万元，保证互助中心各项活动的正常开展，互助中心在社会各界开展活动、申请项目获得的相关资金归互助中心自行支配，纳入互助中心各项活动开支。党政组织解决了最基本的人力、物力、财力问题，疏通了制度障碍，专业社会工作人员解决了活动组织协调问题，为组织活动提供技术支持，社区成员从最初的被动参与逐渐走向主动参与。

在社区营造过程中，党政力量支持下的赋权增能是他组织向自组织转化，社区成员被动参与向主动参与转化的核心要素。通过前期的活动营造，居民参与状况逐步取得三大成效：一是居民参与意识的觉醒和提高，实现了参与冷漠——参与观望——被动参与——主动参与的转变。二是参与角色的转变，从被动的服务参与者——主动的服务提供者和组织者。三是社区力量的凝聚，实现了社区提供服务——社区居民参与——居民骨干涌现——社区力量凝聚的转变，实现了社区人力资源的整合和激发。共建共治共享的人文环境的营造，增强了居民与社区之间的互动性和黏合性，为他组织向自组织转化奠定主客观基础。主观上，社区居民逐渐实现了参与意识的提升和参与行为的深化，客观上，社区居民逐渐实现了参与能力的提升和参与力量的集结。专业社会工作者适时退出社区组织的管理和服务，将组织交由社区居民自行打理，只进行个别业务指导，逐步推动社区组织实现由他组织向自组织的转化。在推动社区居民参与自组织的成长运转过程中，社区继续将赋权增能技术予以深化，逐渐引导社区居民拓展参与范围和参与深度，增强社区居民的议事协商参与能力，进一步实现从自组织参与走向全方位的社区治理参与的转化。

三、多维社区的他组织到自组织社区治理——专家主导的自组织孵化器

（一）Y社区基本情况

Y社区同样位于南京市雨花台区，紧邻雨花台烈士陵园，是继D社区互助中心之后C社区自组织治理模式通过实操落地的又一个社区。Y社区与翠竹园社区、D社区相比又有其自身的特殊性。Y社区是一个所辖区域复杂的多维社区，社区内有养回红村5号、爱涛逸珍公馆、机电花园、花雨南庭、花好月苑、共青团路51号与长发都市·诸公共7个居民小区，这7个小区中既有别墅区、商品房小区又有上世纪的单位家属院、村改居小区，老旧居民小区居多。Y社区现有住户约1 500多户，总人口10 319人，其中户籍人口7 805人，对各自小区有一定情感，但对Y社区的认同感、归属感、融入感较差，同时由于不同小区的硬件设施和居民层次差异较大，导致社区居民参与社区治理的意识与积极程度也都有所差异，所需的公共服务类型不尽相同。

（二）Y社区自组织社区治理模式构建

翠竹园社区互助中心与Y社区的合作方式为社区购买服务项目，Y社区面向社会组织以“Y社区居民自治”为主题公开招标，社会组织参与竞标，最终达成合作意向。社区按照50万元/年的费用标准购买互助中心的社区营造项目，互助中心负责每年的营造目标得以完成。翠竹园社区互助中心派出项目组进驻社区，以专业社会组织的身份帮助Y社区营造社区居民自治氛围，打造社区居民自治模式。在这个过程中，作为社区的支持型社会组织，互助中心承担衔接、协调社区各项资源，促进社区居民自发成立社区自组织，提高居民的自我服务意识及能力，进而引导社区居民参与社区治理等工作任务。

翠竹园社区互助中心落地Y社区后，对Y社区的整体情况和所辖各个小区不同的营造环境进行了深入调研和分析，最后确立了以党建为引领，“政社企居校”多方联动为基础，“一居一品一特色”为架构的社区治理思路。路径选择遵循“党建引领——他组织——自组织——居民自治”的发展模式。

Y社区以其紧邻的全国爱国主义教育基地——雨花台烈士陵园为抓手，通过社区党建工作的引领，把坚持与发扬雨花英烈精神，传承红色文化，不断践行社会主义核心价值观作为社区党建工作的着力点，打造“红色文化家园”党建品牌。在此基础上，采用“政社企居校联动，多维协同共治”的总体营造模式，协调辖区内政府、社会组织、企业、居民、学校多方联动，进行多元化、多层次、多领域的协同合作，带动社区治理发展。鉴于社区内不同小区的多维度特征，以“一居一品一特色”作为多维社区的基本治理架构，通过对不同小区的社区居民需求的深度挖掘，提炼出适合各小区发展特色的治理目标，从他组织带动开始，到小区居民参与小区营造，最终实现社区居民参与社区治理的营造目标。

（三）Y社区互助模式发展情况

遵循“要把红色资源利用好、把红色传统发扬好、把红色基因传承好”的精神，在他组织带动，社区党建引领，倡导党群共建，打造红色文化家园。通过开展“聆听雨花石”“喜迎十九大，深化学与做”等主题的系列活动，从凝聚社区党员、发掘党员领袖和党员志愿者入手，通过社区党员对社区群众的引领，扩大“红色文化家园”品牌的社区知晓度，将一部分有觉悟、有思想、有爱心、有志愿精神的社区居民凝聚起来，以点带面，调动社区群众参与社区红色文化家园创建的积极性，撬动社区居民对社区的关注力，营造社区居民参与社区治理的初始氛围。

“一居一品一特色”构建新型的社区生态系统。互助会入驻后，针对社区中7个不同类型的小区展开实地调研。随后，通过参与式治理模式，召集与各个小区相关的“政社企居校”各方主体召开会议，以居民亟待解决的需求及动议为导向，激发居民主人翁意识，倡导居民参与小区治理规划设计，为“发现社区之美”，构建“一居一品一特色”新型社区生态系统，共同制订合理方案，通过美化与居民朝夕相伴的小区环境和氛围，提高居民参与社区治理的能力。最终在互助中心的协调和引导之下，结合各个小区的实际情况，制定了各个小区的治理方案：

养回红村5号小区：建于1990年，充分调动居民的积极性，居民志愿者自发组织清理车棚及楼栋的垃圾，通过普及垃圾分类的知识，提升环保意识，打造绿色环保型小区；

花好月苑小区：利用空置的居民活动空间，通过居民共同制定管理体系，形成自我管理、自我服务的氛围，打造集观影室、阅览室、美食厨房为一体的“居民文化客厅”；

共青团路51号：作为雨花台烈士陵园的职工家属院，51号由Y社区与雨花台烈士陵园共同协管，结合小区院落现状，挖掘有公益意识的居民进行院落自管，形成因地制宜的管理制度，打造花园小区；

爱涛逸珍公馆小区：通过深度挖掘居民需求，组织社区居民参与社区规划，与东南大学景观设计专业的师生共同建立了“海绵社区雨水花园”改造方案，旨在打造“节能环保型小区”；

花雨南庭小区：通过积极配合业主代表大会筹备，协同推进业主委员会成立，开启业主自治模式，拓宽居民参与渠道、激发参与热情，倡导协商民主，营造和谐共治的小区氛围，并对业委会进行赋权增能培训；

长发都市·诸公：成立专项型社会组织——长发互助会，翠竹园互助中心帮助长发互助会孵化出壳，通过孵化过程的赋权增能和智力支持，提升居民及自组织运作能力，为老中青少幼打造自我服务、自我管理、自我造血的平台。

机电花园：作为上世纪建造的企业家属院，机电花园小区旨在通过实施微更新逐步把小区的花园平台打造成为居民休闲时光的文化阵地，通过组织居民会议研讨平台设计方案并进行方案评估，利用社区微基金为其提供资金支持，同时组织居民众筹，用于平台后期维护资金，以提高平台的使用效率，提升居民自我服务的公益意识。

通过党建引领撬动社区内的“政社企居校”方力量，发掘社区内的党员群众成为社区领袖，奠定居民参与社区治理的社会资源基础；通过翠竹园互助中心的他组织带动，挖掘不同小区的特色治理项目，培育小区居民关注度；通过小区特色治理项目推进，吸引小区居民聚集，实现居民参与社区治理的人力资源拓展；通过党政和他组织的赋权增能，帮助社区孵化、培育自组织，共同助力社区治理的良性发展。

具体做法上：发动与小区相关的“政社企居校”相关单位及个人，发动小区党员积极分子，共同参与“一居一品一特色”“发现社区之美”活动项目，项目带动提升社区居民对社区的关注度，增强社区居民对社区的归属感和信任度，发掘社区领袖和社区志愿者，通过赋权增能，培育社区居民的社区参与意识和参与能力，进而发展到培育社区自组织“创美我的社区”。在汇聚社区同质人群的基础上，倡导培育社区自组织，在培育社区自组织的基础上，倡导自组织的自我管理和自我服务。

赋权增能案例呈现：互助中心采用罗伯特议事规则，引导社区领袖参事议事，自主申请社区“微基金”，自主进行项目运作，自主管理和自我服务。在整个过程中，互助中心始终秉承“相信、参与、承担、互助”的价值观，帮助并引导每个环节。机电花园小区的居民在参事议事中发现了共同建设的花园文艺平台的"后期维护"这一问题，如何使用和维护才能使平台达到"休憩聚会"的初衷？小区里几位饱有公心且有号召力的居民成立了平台维护小组，同时还明确小组分工与职责，并制定居民公约，进行公示宣传倡导，并提出众筹资金用作花园平台后期维护的建议。"众筹"工作公开透明且有序开展，获得了大家的信任与大力支持。机电花园的"微更新"实现了社区居民在社区服务工作中的角色转变，部分居民已经从活动参与者变成了工作主导者，居民的自我服务意识被充分激发，其自我管理能力也在每一次实地考察、激烈讨论、严密执行与积极维护中得到提升，真正做到了"大家的事情大家办"，共同解决居民们迫切希望解决的问题。

Y社区居民参与社区营造的难点和亮点都在于社区下辖小区的多维度：小区分布位置多维，以雨花台烈士陵园为中心，东西南北四个方向都有分布，小区之间距离远人心就远，小区与社区之间距离远归属感不足；小区居民层次分布多维，高端别墅区、中段商品房、低端村改居，居民阶层参差不齐，居民素质参差不齐，动员难度大，整合难度高，众口难调困难多。在翠竹园互助中心的党建引领凝聚人心，"政社企居校"多方联动整合资源，"一居一品一特色"激发活力的营造思路下，Y社区的营造难点反而成了自组织社区治理模式的又一突破。让社区居民从关注自己的小区，关注自己的切身利益开始，引导邻里关系由陌生疏离到信任扶持，培养社区居民的志愿者意识和公益精神，逐渐将社区居民的视线投向更高、更大的社区平台，通过搭建社区中各个组织之间有效的协商民主平台，让社区居民有机会在社区参事议事，承担社区公共事务，改变社区冷漠逃避缺乏参与的现状，实现了社区居民自我服务、自我管理的综合治理目标。

四、小结

总结互助中心模式在不同层次的社区营造经验可以看出，内生型自组织参与社区治理模式的社区营造路径的的形成具有一定的偶然性。这种偶然性体现在：一是高档小区比中低档小区更易自发产生内生性社会组织，但高档小区也未必一定能自发产生内生性社会组织；二是自发产生的内生性社会组织不一定能发展出枢纽型社会组织，也许一直以零散的状态存在于社区的各个角落和活动领域；三是发展成枢纽型社会组织不一定能转化为社区治理的助推器，有可能只是协调整合社会组织的资源和关系，进行组织往来和互助；四是社会组织参与社区治理不一定能规范化、系统化，形成一定的治理模式，有可能只是在社区的需求和带领下以零散的方式参与社区事务的共建共享；五是社会组织系统地参与了社区治理，形成了一定的参与模式，不一定能够得到提炼和升华，成为具有可复制和可推广价值的品牌。这些偶然性的产生，通过居民在参与社会组织，进而参与社区治理过程中，对社区产生了情感上的归属和共鸣；通过在参与社区治理过程中，因被尊重和认可而获得的价值感和自信心；通过在参与治理的过程中，体会基层民主的公平公正高效有效，而逐渐得以显现。偶然产生的互助中心激活了翠竹园社区的整体氛围，带动了整个社区居民的参与行为，在实践和发展中不断迸发出生命力。充分利用这种模式的成果推进城市社区居民对社区治理的参与度，又不能仅仅依靠这些偶然事件，这就催生出了如何把偶然变成必然的复制和推广的思索。

互助中心以项目组的身份或互助中心成员以导师的身份进驻社区，帮助社区制订社区营造方案，帮助社区进行人为的引导和干预，为社区居民参与社区治理注入力量。从参与社区活动开始，提升居民对社区的归属感和主人翁意识，激发居民在社区内的情感需求；赋予居民更多参与社区、分享社区的权力，提高居民参与社区、分享社区的能力；通过基层协商民主效能的提升，带动居民对基层民主的信任和认可；盘活城市社区的人力资源、财力资源、物力资源、社会资源，构架共建共治共享的新时代的城市社区，助力国家社会治理体系和治理能力现代化发展。

第五章
党的领导与基层社区治理资源的整合

第一节　党的领导与基层社区治理推进

党的十九大报告指出："实践没有止境，理论创新也没有止境。"实践是理论的源头，理论是实践的先导，党建引领基层自治共治创新的实践是认识党建引领的起点和基础。2014 年，习近平总书记指出，加强和创新社会治理，关键在体制创新，核心是人，社会治理的重心必须落到城乡社区。2015 年，习近平总书记要求，要把加强基层党的建设、巩固党的执政基础作为贯穿社会治理和基层建设的一条红线，建立一支素质优良的专业化社区工作者队伍。2016 年，习近平总书记再次强调，基层是一切工作的落脚点。2017 年 3 月 5 日下午，总书记对上海一年来的工作给予充分肯定，对上海新一年的发展寄予殷殷重托。提出上海要在深化自由贸易试验区改革上有新作为、在推进科技创新中心上有新作为、在推进社会治理创新上有新作为、在全面从严治党上有新作为。

当前，上海已进入基本建成"四个中心"和社会主义现代化国际大都市冲刺阶段，正朝着 2040 年建成全球卓越城市的目标迈进。我们要清醒地看到，上海作为特大型开放城市，改革发展稳定，任务繁重艰巨，传统社会管理方式面临严峻挑战，迫切需要基层党组织充分发挥推动发展、服务群众、凝聚人心、促进和谐的战斗堡垒作用。随着上海城市人口规模的不断增加，超大型城市的管理压力不断增大，虽然上海市委历来高度重视基层党的建设，但现实中仍存在一些基层党组织战斗堡垒作用发挥不足、新兴领域党组织覆盖不够、社会治理创新缺乏等问题。习近平总书记对上海进行如何社会治理创新提出了具体的要求，要坚持以人民为中心的发展思想，着力推进社会治理创新，上海超大城市管理水平得到提升。因此，走出一条符合超大城市特点和规律的社会治理新路子，是关系上海发展的大问题，必须落实好总书记提出的“城市管理应该像绣花一样精细”的要求。习近平总书记提出创新社会治理的要求，不是一般意义上的社会管理，而是根本在于通过加强基层党的建设，把党的领导深深植根于人民群众之中，实现党领导社会治理、依靠群众加强社会治理。只有把基层党组织建好建强，才能为社会治理和基层建设提供坚强有力的组织保证。

上海市自 2014 年颁布“1＋6”文件[①]以来，重点围绕基层体制、基层队伍、基层治理体系、基层服务等内容，在基层社会治理中进一步强化了党的领导核心地位。党建引领既贯穿于基层自治共治的全过程，也为基层社会治理提供了必要的组织保障和平台资源。对基层党组织而言，强化政治功能与发挥服务功能都是一致的、统一的，服务群众是政治功能的题中应有之义[②]。因此，讨论基层社会治理中的党建引领，须立足当前党建引领基层自治共治的实践创新，对党建引领基层自治共治的内涵、机制、载体进行梳理界定，剖析党建引领基层社区治理现状与短板，进而回答基层社区治理中党建工作的功能定位是什么，以及党建引领基层社区治理的平台与路径是什么。

社区治理创新是上海作为超大型开放城市的一大难题，提升城市管理水平和治理能力，推进大城市的社会治理创新，关键在党，注重党建工作引领是保障社区治理方向的客观要求。中国的社会治理和社区治理既不是国家中心主义的，也不是社会中心主义的，而是互动主义的，即通过政府与社会的自我调节、居民自治的良性互动来推动国家与社会的双重发展[③]。从社会治理的视角看，基层社会治理有三重逻辑，一是基层党组织主导的政治逻辑，二是居民依法自治的自我管理逻辑，三是社会专业力量参与的共治逻辑。党建引领回答的是基层党组织在多重治理主体和治理逻辑中如何发挥其主导示范作用，带领、组织、驱动各类主体和资源为社会治理服务。

---

① “1”是《中共上海市委上海市政府关于进一步创新社会治理加强基层建设的意见》；“6”是涉及街道体制改革、居民区治理体系完善、村级治理体系完善、网格化管理、社会力量参与、社区工作者的 6 个配套文件。

② 中共上海市虹口区委组织部：《基层党组织的政治功能与服务功能关系研究——以上海市虹口区的探索和实践为例》，《上海党史与党建》2016 年第 4 期，第 47 页。

③ 刘建军：《党建引领：上海基层治理的政治逻辑》，载《“城市治理发展与加强城市基层党建”理论征文优秀论文选编》2016 年 12 月，第 129 页。

一、党建引领基层区治理的内涵与机制

党的领导是政治、思想和组织领导的有机统一，这是由我国的社会主义国家性质和中国共产党的性质决定的。党的领导地位是《宪法》规定的，我国《宪法》规定，各级政权组织，包括人大、政府、司法机关，都必须接受共产党的领导。《党章》明确规定，“党的领导主要是政治、思想、组织领导。”党的领导从本质上说，就是对无产阶级和人民群众的革命运动起引导、指导、向导作用，党的领导作用是通过政治领导、思想领导和组织领导来体现的。因此，中国共产党对国家和社会生活的领导主要是政治、思想、组织领导。其中，政治领导是根本、思想领导是灵魂、组织领导是保证。

首先，基层社会治理必须坚持党的政治领导。政治领导是根本保证，坚持党的政治领导，必须毫不动摇地坚持党的领导，基层社会治理创新也不例外。如果一味强调居民自治和社会共治，反而会削弱党的领导，甚至认为党的领导可有可无，形成基层社会治理就应该交给居民和社会的认识。这种认识的一个致命缺陷是忽视了党组织作为基层社会领导核心的存在。实现党的政治领导，最根本的是要把马克思主义的基本原理与本国的具体实际结合起来，制定并实行正确的路线、方针和政策。在基层社区治理中，基层党组织要善于把党的路线方针政策与基层社区治理融合起来，坚持从政治高度和责任上领导开展基层社区治理。

其次，基层社区治理必须坚持党的思想领导。坚持党的思想领导就是通过思想宣传，做好思想政治工作，把党的主张变成人民群众的自觉行动。毛泽东曾经讲过，“掌握思想领导是掌握一切领导的第一位。”①邓小平指出；“我们说改善党的领导，其中最主要的，就是加强思想政治工作。”[1]②在社会多元的背景下，面对各种非主流文化的冲击，基层党组织必须掌握思想意识工作的主动权，把党的理论、社会主义核心价值观和社区文化建设融合起来，以党建工作为主题、社区文化为载体，在社区治理中增强党的价值引领。

再次，基层社区治理必须强化党的组织领导。基础不牢，地动山摇，党的执政基础在于强有力的组织领导。有效的组织领导来源于党组织自身的建设和组织成员作用的发挥。因此，在基层社区治理中必须充分发挥各级党组织的领导核心作用和基层党组织的战斗堡垒作用，发挥广大党员的先锋模范作用来影响和带领广大人民群众，贯彻落实党的路线、方针和政策。党组织的战斗力在于党

---

① 邓小平：《邓小平文选（第二卷）》，人民出版社 1993 年版，第 365 页。

有严密的组织和严格的纪律，以保持全党在政治上和行动上的高度统一。基层党组织身处基层社会最前沿，作为党的神经末梢的基层党组织必须加强自身的建设，具备引领社区其他组织的能力。

（一）作为政治引领的基层党建引领的内涵①

党建引领不是抽象的。引领就是引导，发现问题，指明方向，就是党建工作要走在前面引导、带领、示范。这是对引领的一般理解，而党建引领是一种全方位的引领，着眼于党组织领导力的塑造，体现为党组织的社会动员能力、组织凝聚能力、工作推动能力与服务群众能力。

政党作为实现政治理想和社会目标的严密组织，其对社会的政治引领是核心，对基层社会而言，主要是对居民自治和社会共治的引领。居民自治是指基层各类组织不需要外部强制性力量干预，根据基层群众意愿形成集体选择依法治理公共事务并进入自我教育、自我管理、自我服务、自我约束的过程，基层民主是基层自治的动力。社区共治是基层各类治理主体通过体制创新和适度赋权相结合，提升基层治理专业化和精细化水平，共同参与基层公共事务的过程。社区共治依托党组织党建的区域化党建平台，是基层社区治理各类资源的提供者。在新的社会背景下提高基层党组织活力，需要结合动员、组织、利益聚合与协调多重政治功能。②

简单说，党建引领基层自治共治就是在基层党组织的带领下，充分发挥基层党组织的领导核心和党员的先锋模范作用，通过搭建基层社区治理平台，完善民主决策机制，形成呼应群众诉求的基层治理导向，推动基层各种利益相关者通过民主协商的方式对公共事务进行有效治理。党建引领基层自治共治的基本内涵包括：

1. 党建引领的主体

党的十九大报告指出，在我国政治生活中，党是居于领导地位的。党政军民学，东西南北中，党是领导一切的。党建引领的主体主要是指基层党组织，其定位是基层社会引领者，要求基层党组织在基层社会中必须理直气壮宣示作为基层社会的政治核心，并且善于统揽全局、协调各方，在具体的基层社会事务治理中成为居民群众的主心骨。党组织要动员社会各方参与基层治理，完善以基层

① 中共上海市松江区委党校课题组：《党建引领基层自治共治的理论与实践》，《上海党史与党建》2017年4期，第56－58页。

② 彭勃、邵春燕：《组织嵌入与功能调适：执政党基层组织研究》，《上海行政学院学报》2012年第2期，第39页。

群众诉求为导向的全方位的公共服务体系，提升党建引领的号召力。

2. 党建引领的基础

党的十九大报告指出，加强社会治理建设，完善党委领导、政府负责、社会协同、公众参与、法治保障的社会治理体制。政治引领作为方向引领，在面对不同的治理主体之间的多元诉求，需要基层组织搭建居民参与社会治理的平台，在党组织搭建的议事平台上，参与基层治理的各主体之间平等协商，建立相应的民主协商机制。通过构建党组织引领下的群众自治和社区共治组织化体系，规范组织程序，引导基层有序治理，提升党建引领的领导力。

3. 党建引领的形式

党建引领是具体的，必须依托于基层党组织覆盖和党组织领导核心作用的发挥。党建引领是一个全方位的引领，涵盖组织引领、价值引领、专业引领、示范引领和项目引领等方面，这些引领还会随着基层社会发展而不断丰富。只有通过区域化党建发挥基层党组织的整合功能，推动社会治理与社区参与有序协同，完善基层党建区域化体系，才能提升党建引领的协同力。

4. 党建引领的目标

党建引领的目的是为了推进基层社会治理体系和能力的现代化，党建引领工作的展开和评价标准都要围绕上述目标展开。一是完善基层工作网格化体系，把基层治理的末梢推移到楼组，提升党组织密切党群关系、有效凝聚基层群众的能力，提升党建引领的有效力。二是完善基层党建项目化体系，提升党建引领的统筹力。通过党建项目的体系化运作，补齐党建短板，创建基层党建品牌，提升基层党组织的统筹谋划能力。

（二）党建引领社区治理的机制保障

党建引领的任务和目标需要具体的工作机制来实现，因为党建引领是全方位多层次的引领，其机制的核心就是融入整合。从单位制到社区制不是简单的要素替代，而是基层微观社会结构的整体性变迁，是一种全新的社会整合机制的出现。[①] 建立党建引领的机制要求把党组织嵌入到基层自治共治体系中，寻求基层自治共治中的党建引领主线，通过愿景价值、组织载体、评价示范等多层次的引领主导，实现社区公共资源与基层自治共治的有序对接，创建基层自治与共治的良性互动新局面。具体包括：

---

① 马卫红、桂勇：《从控制到治理——社会转型与城市基层组织框架的变迁》，《华中科技大学学报（社会科学版）》2008 年第 5 期，第 78－84 页。

1. 愿景引领机制

基层社区治理需要一个凝聚共识的共同愿景，这样的远景描述既是基层社区治理要达成的共识目标，也是动员社区居民参与治理的重要载体。一般而言，基层党组织通过提出基层社区治理的目标、规划，进而主导整合不同治理主体和社会资源。其涵盖社区动员机制、社区宣传机制、社区参与机制，通过文化营造，价值引导、行动认同最终形成完整的社区归属，从而凝聚社区居民参与社区治理，关心社区事务，主动融入社区建设。

2. 组织保障机制

《党章》第 32 条规定，党的基层组织是党在社会基层组织中的战斗堡垒，是党的全部工作和战斗力的基础。党支部一般而言，基层党组织掌握的资源有限，但是相对社会和居民而言，基层党组织具有极大政治优势和组织优势，基层党组织要牢牢把握基层自治的领导核心地位，通过对基层治理人、财、物的主导发挥对基层社会自治的领导作用，善于把党的组织优势化为工作优势和保障。因此，在党建引领中组织覆盖和建设都是最为基础的工作，尤其是在工作起步阶段，更需要党组织的组织推动，以及党组织对社会治理的培育。

3. 嵌入式工作机制

由于民间组织在社会群体中的特殊地位，党建工作必须围绕当前党的工作重心和民间组织自身发展的规律开展。[①] 组织作用发挥需要与社会力量的结合，单纯的组织工作是难以有效发挥作用的，二者的有效结合的机制就是嵌入式党建工作机制。所谓嵌入指的是党组织通过党员个体参与社会组织，通过党员个体的先锋示范作用来发挥要引领示范，尤其要善于发挥党员在基层自治团体中的核心骨干作用，形成你中有我、我中有你，浑然一体的党建工作机制，把社会组织中的骨干分子吸收到党组织中，把党员骨干培养成为社会组织的领头人，进而确立党组织在基层社会活动中的影响力和控制力。

4. 柔性引导机制

柔性引领相对于制度平台建设而言，通过党建文化的潜移默化，影响和引领社区文化建设的方向，基层党组织立足有效宣传和社会核心价值塑造，善于用文化建设的载体实现精神引领。从政党活动的一般规律来看，服务属于非权力影响力，是“柔性的政治”。[②] 在党建引领中构建柔性引导机制，主要指的是基层党

---

① 祝灵君、齐大辉：《新形势下做好群众工作的艺术与方法创新》，中共中央党校出版社 2011 年版，第 136 页。

② 肖纯柏：《农村基层党组织功能实现途径研究》，人民出版社 2011 年版，第 25 页。

组织要善于开展群众工作，把群众路线作为基层社会治理的内在要求，站稳群众立场，善于带着感情开展工作，真正与居民群众心连心，提升基层群众的获得感、幸福感和安全感。当然，柔性工作机制与制度化安排密不可分，在具体工作中要善于把握二者的辩证关系。

5. 服务渗透机制

基层社会的逻辑必须建立在务实服务的基础上，居民群众也是通过切身感受到的党组织存在感的，基层党组织要立足服务换取认同，通过服务建立党组织在基层社会中的地位和权威，通过服务营造与居民群众建立亲如一家的氛围。因此，建立服务渗透机制也就意味着，基层党组织要把服务群众作为首要目标，要善于听取汇总群众诉求，善于分析群众诉求，有针对性地组织便民为民服务，在扎实的为民活动中提升认同。当然，服务渗透不是代替包办，更不是只讲服务，不讲政治引领，服务群众既是我党的宗旨观念，也是发挥我党政治引领的前提。

6. 评价约束机制

评价是导向，基层党组织引领作用的发挥，很大程度上体现为党组织是否掌握评价权，掌握评价标准就能对基层党组织引领作用发挥给予强有力的指引。建立基层党建引领的良好标准是推动党建引领工作的关键，通过设计科学的评价标准，完善上级党组织和居民群众参与的评估体系，保障基层党组织通过对党员的榜样示范激励先进，通过评级表彰实现资源分配优化，并牢牢掌握主导基层社区治理的方向。当然，评价约束机制首先要体现组织意图，其次是社会各方的意见，并且要综合专家的意见，体现党组织的政治方向引领。

7. 项目化工作机制

项目化是基层党建工作的流程化管理的载体和理念，基层党组织按照“党建工作促项目，项目发展促党建”的工作思路，在基层党建工作中植入“项目化”管理理念，通过党建项目化整合资源，并创新基层党建的新模式。通过项目化有效解决了基层党组织宽松软的问题，项目化的机制包括，项目立项、项目实施、项目评估、项目推广等环节，党建项目突出的是党建元素、项目化理念和项目化方案。当然，项目化机制是与上述六个方面的引领紧密联系的，项目化既是一种党建工作的新机制，也是党建工作化虚为实的理念和方法，更是新时期探索基层党建工作的综合新探索。

二、党建引领基层社区治理的支撑体系

中组发〔2012〕6 号文提出了基层党组织“五个好”标准：“一个好的支部，必

须要有一个好的带头人、一个好的发展思路、一个好的工作制度、一个好的活动阵地、一个好的保障机制。”这既是评价基层党组织的标准，也是基层党组织发挥引领作用的条件。因此，基层党组织发挥党建引领自治共治的支撑体系包括人的要素、价值要素、组织要素、制度要素四个层次。

（一）人的要素

人是最为关键的要素，这是基层社区治理中首先要坚持的价值准则，防止为了治理而治理，只见物不见人。党的群众路线就是要一切工作为了群众，一切工作依靠群众，基层党组织的工作目标就是服务基层党员群众，同时也必须要靠党员群众发挥作用。群众看党的作风，首先从身边看起，从基层党员干部看起，因此，基层党组织的带头人必须发挥模范带头作用。①

一个牵头抓总的好书记。书记是基层社区治理中落实党建引领的第一主体和责任人，书记的工作态度和能力决定了一个党组织的功能发挥，基层党组织的领导核心地位和党支部的战斗堡垒作用发挥要靠一个有想法、有能力、有责任、有担当的好书记来牵头抓总。当融入社会大众，不是简单地与群众融为一体，更为重要的是能够真正成为群众和社会的中坚力量。②

一支坚强有力的好队伍。书记作为带头人，但不能是孤家寡人，要有一个好的团队。好的书记也有高的情商，要把基层支部建设成坚强的战斗堡垒，要善于发动和团结社区党员共同参与基层事务的治理，党建引领基层社区治理需要一支坚强有力的治理团队，吸纳熟悉自身社区特点、居民需求、存在问题的社区治理能手。

一群乐于奉献的基层骨干。志愿者队伍是基层社区治理中最为积极的因素，基层社区治理是高度依赖群众信任的基层骨干来实现的。比如退休老干部、热衷公益和社区事务的在职党员及普通志愿者等等。基层党组织必须培育和团结一大批志愿者队伍，只有队伍壮大了，对这些人，可以给待遇、给荣誉、给位置，建立合理的制度，辅以有效的机制，放手由他们组织公共活动。

（二）价值要素

毛泽东早就指出：“不能靠历史吃饭，不能靠威势吃饭，要以理服人，不能以力服人。”③价值是精神引领，在基层社区治理中要体现为鲜明的价值导向，也是

---

① 刘宗红主编：《基层服务型党组织建设的理论与实践》，江西人民出版社 2016 年版，第 229 页。

② 林尚立：《社会协商与社会建设：以区分社会管理与社会治理为分析视角》，《中国高校社会科学》2013 年第 4 期，第 135－146＋157 页。

③ 中共中央文献研究室：《毛泽东传（1949－1976）》，中央文献出版社 2003 年版，第 656 页。

基层党组织文化建设的自觉。社区治理中的价值要素包含基层党组织倡导党的宗旨意识，基层社会道德建设评价体系等。

一套价值塑造引领体系。当下，基层社区治理中利益多元、诉求多样，谋求共识相当不易。因此在基层社区治理中，党建引领要通过润物细无声的渗透力量，抓住群众关注的兴奋点，在群众喜闻乐见的活动中潜移默化地塑造和引领社区风尚。

一种服务群众的问题意识。价值引领不能成空洞的说教，对基层民众而言，有效有用之后才会关注有道理，基层党组织在设计平台和载体时要紧紧以问题为导向，善于把居民群众的诉求和治理的难题通过项目设计来解决，体现基层党组织服务群众的方向引领。

一套基层自治共治的评价指标。基层社会的价值体系不会自发产生，更不能简单地理解为只要给居民更多实惠，那么道德素质就会自动提高。基层党组织要掌握基层社会中对基层事务的最终评价权，基层党组织可以搭建各类自治共治项目的评选激励平台，通过党组织的评价监督来实现对基层社区治理的话语权和主导权。

（三）组织要素

党的组织优势是推进基层工作的重要依托，也是党在基层社会领导核心地位的体现，要以基层党组织为核心，建构基层社会治理体系，就能够形成强大的组织合力、执政资源和治理能力。基层党组织必须强化组织建设，严格组织纪律，善于把党的组织优势与基层社区治理服务紧密结合起来，实现二者有机联动。

一个大党建格局的组织架构。基层社会是遵循自治和共治联动的格局，共治是开放性的，需要整合更多的治理资源。因此，党建引领必须要靠党组织、党支部、党员三者的有机结合，纵向上形成区委、街镇党工委、居民区党组织三级相互联动的工作体系，横向上推进街道社区和驻区单位党建的协作互补，将党组织的领导核心作用、党支部的战斗堡垒作用和党员的先锋模范作用切实融合在一起，从而发挥出党建引领的最大合力。

一套分层分类的平台建设。共治平台搭建要与政府治理层级有序衔接，让共治平台有效承接政府、社会、居民等各类资源，在区级层面，要因地制宜，合理引导；在街、镇层面，构建社区代表大会、区域化大党建和党建服务中心等实现资源整合；在社区和村居层面，要构建以社区党组织为核心，由居委会、业委会、物业公司、社区民警、条线部门、社会组织以及驻区单位参与的社区议事平台。

一批独具特色的党建品牌。党建工作要有感召力和持续的影响力，亟需培育一批叫得响、群众认可的特色党建工作，理想状态是形成知晓度极高的党建品牌，发挥党建工作的引领示范。党建工作不能只是一阵风，要通过将其品牌化最终凝聚共识、激发活力。对那些经过实践检验且具有推广价值的项目，及时进行经验总结，适时进行推广；对那些已经成熟的经验和做法，努力上升到制度层面，将其固化下来。

（四）制度要素

由于社会利益主体多元化，社会管理和服务主体也由单一走向多元。对此，党组织必须改变以往“重登记、轻管理”的惯性思维和做法[①]，更加注重制度建设。制度建设是基层社区治理规范化的要求，也体现了基层社区治理的程度。制度要素包含各类制度本身，为基层社会运行提供规则体系，也包含制度运行的各项工作机制，确保各项制度在体系框架内有序运行。

一个权责清晰的顶层设计。职责明确是制度化的要求，也是制度执行的要求。当前，基层社区治理还处在不断转型之中，需要相关职能部门加快建设与基层治理机制相适应的法律体系，制定系列制度文件规范各方行为和权力边界，规定政府、社会组织、社群及个人的权、责、利关系。

一套高效运转的体制机制。制度的生命在于执行，运行机制侧重于制度执行的流程、责任监督，由其上级主管部门履行监督职责。当然运行的高效还取决于各个制度之间的无缝衔接，制度本身要具有可操作性。因此，基层党组织在化解矛盾、维护秩序、改善民生、推动发展的过程中，要提前谋划，制定明确具体的总体规划和年度计划。在议题引领方面公共化、在协商平台方面广泛化、在规则制定方面导向化，形成基层党建齐抓共管的工作协调机制、完善基层党建工作的考核机制、健全对基层党务工作者的激励机制等。

一系列雄厚有力的财力支撑。巧妇难为无米之炊，基层社区治理依赖的资源是多元的，但是作为政府管理和公共服务的对象，政府需要每年要在财政预算中安排关于社会治理的专项资金，为开展基层社区治理工作提供财力支撑，同时做好财政的审计监督工作，确保资金落实到位。

---

① 梁妍慧：《在强化服务中发挥基层党组织的战斗堡垒作用》，《中共石家庄市委党校学报》2014 年第 7 期，第 4－6 页。

第二节　城市基层社区自治和共治资源的冲突与整合

党的十八届三中全会决定指出，改进社会治理方式，坚持系统治理，加强党委领导，发挥政府主导作用，鼓励和支持社会各方面参与，实现政府治理和社会自我调节、居民自治良性互动。十八届四中全会提出推进多层次多领域依法治理，支持各类社会主体自我约束、自我管理，发挥市民公约、乡规民约、行业规章、团体规章等社会规范在社会治理中的积极作用。党的十九大报告指出："健全自治、法治、德治相结合的乡村治理体系。"强调的是治理体系整体要求。社区共治与自治是社区治理的两个方面，二者的良性互动的前提是基层社区治理的法制化。松江区方松街道松云水苑开展社区治理实践证明，破解基层治理难题的关键是形成依法治理为核心的系统治理体系，其中提升基层社会共治与自治的良性互动是破解基层社会管理难题的根本之策。①

一、社区共治与自治中的失衡与冲突

社区自治主要指居民自治，社区共治主要指社区共治，二者依托的主体和资源各不相同，随着社区服务管理的功能的不断增强，社区自治与共治联动是社区建设和社区发展的必然趋势，然而当前由于社会体制机构的弊端。社区自治陷入委托—代理的困境、自主权的困境和社区党政关系等困境之中。② 实际上代理困境无处不在，街道（社区）居委会、业委会无一例外，作为个体的居民无时不在被代理和无视状态。因此，只有认识到二者一致协同与冲突失衡，才能更好地界定和整合基层社会不同治理模式。

（一）冲突与失衡

社区治理主体有社区（街道）、居民委员会、业委会和居民自治组织等，社区（街道）是社区治理的行政主导方，是具有行政权力和各类资源的共治，业委会等自治组织是典型的自组织，是社区自治的内推力，但是不掌握任何资源。而居民委员会是基层共治和自治的组织桥梁和纽带，理想的结构是社区（街道）是主导，居委会建设是支撑，居民自治是基础。但是实际上社区自治与共治中经常面临冲突，既有利益需求的冲突，也有权力边界的冲突。具体表现为：一是社区居民

① 李鸿渊：《共治与自治互动：基层社会治理法治化的路径整合》，《党政论坛》2016 年第 3 期，第 52－54 页。

② 王绍文、罗文君：《社区自治的困境及其成因与对策》，《广西社会科学》2008 年第 4 期，第 194－197 页。

多元，利益需求多样。社区中有居民、政府组织、社区组织、企事业单位等构成的纵横交错的互动网络，由于社区人口的流动化、人口的老龄化，不同群体的利益诉求出现多样与冲突。各主体都有明确的利益诉求，且利益呈现多元化。二是居委会行政化明显，自治能力不足。在社区居民自治的实践中，作为社区自治主体的居委会仍然带有较浓的行政色彩，经常处于一种超负荷运转的状态，社区管理行政化倾向严重。居委会在协助政府完成社区管理事务的同时，其组织与人员进一步被行政化，赋予的行政性事务越来越多，居民自治功能被严重削弱。《城市居民委员会组织法》规定，城市居民委员会是居民实行自治的群众性组织，应该在社区内行使自己的责权，充当政府职能部门的监督者和居民事务的协调者。但实际情况是，居委会已成为社区（街道）及其工作的承受者和操作层，主要为政府职能部门服务，甚至居民委员会的选举考评都由政府或街道办事处控制管理，严重影响了社区的居民自治。[①] 居委会的自治功能在行政化的趋势下大部分落空，而出现了居民自治中基于物业产生的业委会在开展自治。三是自治与法律打架。基层自治强调民主选举、民主决策、民主监督、民主管理，但是在实践中由于过分倚重投票，反而会出现以多数人投票的形式剥夺少数人合法权益，也有通过民主的形式通过与法律规定相左的协议，或者超出民主自治的范围行使民主自治，民主自治与法律打架也成为基层社区治理的难题。

（二）治理困境

所谓治理，是个人和机构共同管理的诸多方式的总和，它是相互冲突的或不同的利益得以调和并且采取联合行动的持续过程。它既包括有权迫使人们服从的正式制度和规则，也包括各种人们统一或认为符合其利益的非正式制度安排。[②] 治理是否有效重要标准就是能否解决社区居民面临的各种难题，有效治理不是没有问题，或者预先解决好一切难题，其关键在于能够提供反映问题、解决问题的制度通道。

基层社区治理日益复杂，解决问题和服务群众的制度和资源瓶颈日益凸显，笔者曾参加过居委会的议事会，就大家关注的绿化被毁、停车难问题等进行协商。会议是在居民区党支部和居委会主持下进行，业委会、社区志愿者、居民代表等组成，由于参与面有限和资源的缺乏，可以看到现实中社区治理面临种种无

---

① 任丹凤：《共存机制下城市基层社会治理的共治与自治——以上海市为例》，《社会工作》2012 年第 2 期，第 36－39 页。

② 范志海、刘钢、李高业：《大型居住区治理模式初探——以上海市三林世博家园社区为例》，《华东理工大学学报（社会科学版）》2010 年第 5 期，第 1－6 页。

解困境，制度设计纷纷落空。集中表现为：一是“邻避主义”。大多数人对社区公共事务不关心，平时不参与，也不积极配合，如换届选举公益活动等，但是一旦和自己的利益有关，比如在自己居住附近建垃圾房、修停车位等，反而过度参与、非理性维权，对业委会每一项事情都是怀疑、质疑，让一些热心为居民服务的人心寒退出；二是“公地悲剧”，只关注和维护自身的权益，对公共区域的环境、绿化没人管理，基本的文明素养缺乏，反而有“不占白不占”的认识；三是“沉默大多数”，大多数人不参与，不发言。个别人的参与成了大多数人的意见，甚至左右结果，一些小区业委会很难选举产生；四是法律困境，对居民区自治规则不认同，投票产生的决议也不能执行，尤其是基层社区违法搭建、毁绿等行为执法不到位，社区（街道）和居委会没有执法权，很多事情都会在拖延低效的不作为执法面前而抵消。

（三）失衡与冲突成因分析

社区发展需要内推力和外拉力的共同协调配合，并以内推力为主，社区自治是内推力。然而长期以来社区自治被虚化和弱化，社区发展的内推力显得尤为不足。[①] 自治的过程也是居民重新被组织化的过程。要实现真正意义上的居民自治，必须具备一定的条件：第一，社区居民的自治意识和自治能力；第二，成熟完善的非政府、非营利组织；第三，足够的社会空间。当前，我国还不完全具备实行居民自治的条件，这就意味着我国的居民自治还很不成熟。[②] 一是社区治理体制不顺，顶层设计缺乏。城市管理事务下移，街道层层分解，居委会不堪重负；继而导致居委自治能力不强，其原因是顶层设计不明确，居委会自身身份模糊，居委会减负效果不明显，成为政府的眼和腿。二是治理主体责任不清，功能发挥受限。社区治理主体相互交叉，治理主体多元，但是居民有了问题还是会碰到踢皮球，反而会撇开社区治理体系寻找媒体提供帮助，根源在于责任主体不明确，条块关系不顺，基层社会的社会矛盾化解功能衰退，矛盾不得上交；三是社会组织发展缓慢，公共服务短板。由于社会组织发育迟缓、社工人才严重短缺，以及志愿精神不足等，居民自治缺乏社会组织依托，居委会一旦专注于自治决策事项，居民的服务需求则会落空。四是社区居民主动参与意识淡薄，缺乏内在动力；社区参与程度不高，社区意识低下。由于社会的原子化、交往的虚拟化、居住的陌生化，在社区建设活动中，参与者大多是老年人和待业在家人员，大量的社

① 王绍文、罗文君：《社区自治的困境及其成因与对策》，《广西社会科学》2008 年第 4 期，第 194 - 197 页。
② 潘鸿雁：《社区治理新模式：共治与自治互动》，《学习时报》2013 年 6 月 28 日。

区居民和驻区单位缺乏主动参与社区事务的责任意识，大多数上班族等仍游离于社区活动之外，参与群体的单一性制约了社区建设和发展。

二、社区共治与自治的上海探索

松江区方松街道松云水苑小区于 2005 年 9 月交付使用，共计 1 789 户，总面积 23 万平方米，5 600 多居民中租户占 2 600 多人。由于前期 70%的外地业主是以房产投资为主，小区又毗邻工业区，交通便利，租费低，吸引了大量外来务工者借住，导致群租现象突出。松云水苑是松江新城有名的“民工小区”，也是松江茸城论坛的议论对象。从共治与自治良性互动的角度看，松云水苑居委会在街道和居民之间穿针引线，巧妙解决了复杂的社区治理难题，其背后的逻辑就是社区共治与自治的良性互动，整合社区治理资源，发挥基层社会化解社会矛盾的体制效能。

（一）完善居民自治规则实现依法治理

依法治理是前提，共治与自治都需要在大家共同认可的规则上，这样才不会乱了章法，也避免了一事一议，无章可循。松云水苑居委会在《社区居民自治指南》手册基础上，以流程图来指导居民自治工作。2011 年松云水苑作为松江区“群租整治”的试点小区，以“四位一体”为核心，居民代表为骨干的小区“议事园”发挥了有效的自治作用，通过了“全体业主大会关于群租整治的决议”，修订了《小区管理规约》，“决议和规约”作为小区的宪法，紧紧依托居民自治为抓手，有效突破了瓶颈，为打赢整治“群租”战役提供了行之有效的“法律”依据。居民的参与热情势不可挡，小区也已甩掉“民工水苑”脏、乱、差的帽子，呈现出小区管理有序、社团和谐相处、居民快乐生活的新气象。

（二）成立居民议事园践行民主治理

涉及居民的利益的事项要让居民议，大家参与协商来解决。“松云议事园”是小区民主议事的平台，居委会从每个租赁户中选派一名代表纳入“议事园”，通过召开座谈会，宣传政策法规，商议小区事务等形式，增强他们自我管理的意识，并引导他们做好同户室人员的宣传思想工作。松云水苑居民区通过搭好“议事园”平台，让社区群众参与社区自治，居民自己出想法、出技术、出制度，使困扰已久的群租问题迎刃而解。居民通过建 QQ 群，对小区活动开展、建设管理以及维修基金的使用的知情权心存疑惑，通过议事园会议制定了一系列决议张贴在各楼道让居民知情明了，如针对业主装潢敲承重墙的现象出台了《小区装潢与违章搭建交付文明保证金的办法》；针对租户高空抛物、破坏门禁、拆取消防设施等现象,出台了《防"群租"对租户收取文明保证金的决议》;针对部分出租房业主不按时缴纳物业费的问题,出台了《关于租户代缴物业费的决议》;按照自治指南的要求,为了规范会议召开流程,出台了《业主大会召开具体程序和责任分工的决议》,从通知会议到解释说明、从培训到上门征询、从收集统计到查漏补缺一直到形成决议都从制度上进行了规范。这些"自治"决议,立足"透过现象看本质,通过问题找原因",收到了很好的治理效果,也让居民知道小区正在做些什么,居民应该享受的权益和应尽的义务是什么。

(三)搭建联席会的共治平台推动共同治理

基层社区治理中,党和政府的主导始终是关键。坚持群众当家作主,组织群众有序参与,必须有合适的组织和活动平台。搭建"居民区事务联席会议"平台,当居民有诉求时,先要召开"居民区事务联席会议",提出诉求者,相关居民代表,居委会、业委会、物业公司及"自治工作团组"相关负责人都要出席。他们讨论并决定是否就此诉求召开相应"听证会"或"协调会"。在听证(协调)会上,诉求者可提出更详细的意图或方案。会后,"自治工作团组"会把会议内容传达给每户居民,征询意见,以实现全民参与。坚持以群众需求为导向,在不同层面搭建更富包容性、开放性和灵活性的自治平台和载体,合理设置自治内容,聚焦小区综合管理、公共服务项目等大多数群众关切的热点、难点问题,使群众自治更具针对性和吸引力。小区外来人员居住区安全中存在的问题,很大原因是居民自我服务、自我管理的意识不强。因此,我们强化党支部的核心领导作用,充分发挥居委会、业委会和物业公司"三位一体"的动能,紧紧抓住20%的关键业主和租赁户在小区公共事务的决策上发挥其80%的主导作用。以居委会为主体,形成由居委会(宣传发动)、警务室(依法执法)、物业公司(服务管理)组成的安全跨界核心力量,明确分工,落实职责,定期召开碰头会,对发现存在的问题及时寻求解决的途径。经过一段时间的运作,长期困扰居民的土方车乱停问题得到了妥善的解决。

(四)培养社区居民骨干带动居民自治

群众自治工作的关键是要抓住社区党员、群众中的积极分子、骨干力量和群众团队带头人,然后通过他们去团结凝聚更多的群众参与。不仅鼓励党员参加社区建设,成为群众自治工作的核心力量。同时,社区党组织不断挖掘群众自治带头人,在社区文化、社区维稳、社区服务等方面发现和培育了一些"社区领袖",通过发挥他们的"明星效应",带动和凝聚了一大批居民群众,推动了自治工作的健康发展。太极拳、舞蹈队等团队负责人都是社区文体活动阵营中名副其实的

“社区领袖”。在楼组长、在册党员、教师代表中选出热心公益事业的居民，成立了“临时业主代表小组”，弥补了由于业委会还未成立而存在的解决小区事务的空缺。同时，与8位大学城教师代表建立网上信箱，互通信息，定期牵头召开教师和物业公司座谈会，共同献计献策，形成了良好的沟通机制。

（五）培育社区自治队伍形成团队自治

有效的自治需要组织的有效参与，社区团队则是组织居民参与的中间桥梁。松云水苑居民区设立5个自治团组，包括文明创建、综合治理、环保护绿、文体教育和关爱互助等团组。“自治工作团组”成员皆由居民组成。居委会借助社区网络招募、居民自荐和互荐等方式，吸纳了相关居民加入其中。根据居民兴趣和社区需求，在5个团组下，又设立了近20个小团队，如环保护绿自治工作团组中，就有爱绿护绿服务队、清洁家园服务队、垃圾分类服务队和拥抱自然低碳俱乐部等不同小组。自治团组独立“运作”，定期召开例会，交流工作，商讨下一阶段活动。什么时间搞什么活动，并不需要通过居委会。自治团组是居委会开展工作的延伸和助手，原先不少由居委会承担的事，都“赋权”给了自治团组，这也激发了居民的参与热情。

三、自治与共治良性互动：推动基层社区治理的协同发展

《中共中央国务院关于加强和完善城乡社区治理意见》提出，到2020年基本形成“基层党组织领导、基层政府主导的多方参与、共同治理的城乡社区治理体系”。社区治理转型，关键要找准中国社区治理改革的时空坐标，既不能像西方那样由业主组成“私人政府”，也不能让政府剃头挑子一头热，而是要在坚持党的领导下进行社会赋能，推动社区工作行政化向行政工作社区化转变。[①] 按照这一思路，基层社会治创新需要优化社区工作设置模式，搭建社区多方参与治理的平台体系，实现基层党组织主导下的政府、社会、居民三位一体的治理体系。

（一）通过议行分社建立“一站多居”的社区工作模式

社区自治是基础，现实是上面千条线，下面一根针，居委会办行政化的趋势日趋严重，客观上制约了居委会作为自治组织发挥应有的作用。目前而言，需要创新居委会的工作模式，切实给居委会松绑减负，为居民自治提供制度支撑。上海的部分居委会实行了议行分离体制：在基层社区党组织领导下，居委会是决策和监督主体，具体事务由社工办执行。这种议行分离模式在实践中得到了认可，

① 吴晓林：《让社区更有温度》，《人民日报》新论，2017年7月25日。

但也并非尽善尽美。民选居委会主任开展工作时，除了依靠个人能力，还取决于与社区党组织的领导关系。后者的理解与支持是其工作能否顺利进行的关键。[①] 社区服务站作为政府服务的延伸，承担政府为居民提供的具体服务事项，基层党组织既是基层社会事务的主心骨，则要通过深入细致地开展群众工作发挥党组织的整体功能。

虽然有人认为，在居委会"议行分设"的实践过程，并未能给居民在社区内实行"民主决策、民主管理、民主监督"提供自主性空间，严重影响了居民参与的热情。[②] 实行"一站多居"新模式，站居职能得到了更好的明晰。一方面服务站剥离了居民自治的工作后，不再大包大揽，减轻了工作压力，可专注行政性事务，参与共治；另一方面，居委会也能更好地开展各项自治工作，居站真正做到各司其职，有利于各自工作的展开和效率的提高。居委会为了更好地建设自己的家园，积极主动地联系物业、业委会，自行解决各类矛盾纠纷，"三位一体"作用发挥更明显。通过"3＋2"模式，老年人传授经验，年轻社工注入新的活力，鼓励更多的社区居民自觉地、主动地参与到社区事务中来，居委会充分展示自治，有效激发了居民自治的热情。可见，居民区自治的关键是居委会真正回归其自治组织地位，站在居民的立场和角度，组织居民协商解决矛盾，开展民主管理，更要代表居民利益与政府和社会进行沟通，一站多居的模式为居委会职能回归提供了可能。

（二）通过"三位一体"厘清基层社区治理主体的权责边界

社区治理创新因时因地会有不同的模式，不管是行政主导模式、专家参与模式，还是市场运作模式、社会自治模式，其共性都是要坚持党的领导、发挥基层政府的主导作用，并注重激发社会活力。[③] 社区治理主体的多元的客观存在，决定了其地位和责任必须明确界限，避免出现一盘散沙或者混乱无序的局面，"三位一体"中不同主体在领导、自治、共治中的地位作用均不相同，那么在治理中就要理顺三者的权责边界，各归其位。

一是多元共治。当前，利益结构面临深度调整，群众的各种诉求不断增多，社会事务和社会矛盾大量涌现，任何一个治理主体"在社区中都无法单独进行有效的治理"。理顺基层党组织、居委会、业委会，以及各种志愿者组织之间的关

① 俞楠、张辉：《自治与共治：合作主义视角下的社区治理模式》，《理论与改革》2006 年第 6 期，第 15 - 17 页。

② 姚华、王亚南：《社区自治：自主性空间的缺失与居民参与的困境——以上海市 J 居委会"议行分设"的实践过程为个案》，《社会科学战线》2010 年第 8 期，第 187 - 193 页。

③ 李强：《提升城乡社区治理现代化水平》，《人民日报》2017 年 7 月 9 日第 5 版。

系，实现基层社区治理的有序推进。社区党组织主要是发挥政治优势，发挥好党组织服务和利益诉求表达功能，居委会要发挥居民自治优势，发挥好直接联系服务居民的纽带优势，业委会要发挥其物权利益优势，发挥引领业主合法理性自治的优势。二是党组织主导。社区党组织需要依据变化了的生态环境，注重积极构建与社区其他治理主体的良性互动关系。社区矛盾日益复杂，要防止九龙治水，必须创造性地开展社区党建活动，不是替代不同治理主体的依法治理行为，而是切实发挥基层党组织领导核心作用，要给居民以组织依靠和支持，为不同治理主体之间的矛盾提供协商的平台。社区党组织应该在共治与自治中要发挥价值引领等作用，引导社区共治与居民自治交融互动、共同发展，实现最大范围内的资源共享。三是依法治理。基层社区治理蕴含着民主和法治两个要素，民主是自治的内核，但是不管何种治理都需要在法律的范围内，民主自治不但要有法律依据，也不能超越法律界限，避免通过民主投票的方式通过大家认可的而与法律冲突的自治协议，也要避免通过民主程序的方式对其他居民的合法权益的侵害。基层社区治理要遵循依法理性的原则进行。

（三）依托协商治理搭建自治共治交融互动新格局

提升社区治理水平，借助于西方合作主义的理论，探索多元主体共同参与的社区共治，形成社区共治与居民自治交融互动的新格局。社区共治的组织架构要与区域的多层次治理网络相匹配，共治的运行要与区域治理的决策系统、执行系统和公共利益表达系统实现有机的衔接。一是搭建区域化协商治理平台。依托党组织的整合凝聚优势，发挥执政党优势，体现权威性共治，通过党建联建工作的社会加强社区不同性质单位之间的联系，强化党组织主导的各方力量协商治理，整合街道（社区）辖区内的各种治理资源。开展区域化党建是开展社区协商治理的组织保障，发挥党建的纽带桥梁作用，通过党建工作的覆盖，把区域内的各类主体纳入到社区治理体系中，奠定社会各方治理参与的基础。二是完善网格化管理服务通道。社会网格化管理是按照纵向到边，横向到底的原则，依托信息化和网格化的管理手段，实现基层社区治理的全覆盖，从而体现协作性共治，通过多部门的合作过程，解决单个部门不能解决或不易解决的问题。依托党建网格体系，在基层社区形成以党组织为核心、居委会为主导、居民为主体，业委会、物业公司、驻区单位、群众团体、社会组织、群众活动团体等共同参与的基层治理结构，不仅促进了纵向联动和横向协作，而且有效解决了传统治理网络存在的盲区问题。[①] 三是深化多元主体协同共治。社区共治是互惠基础上的合作，即借助科层制、市场机制、组织间网络、自组织制等混合机制，达到了各方利益的平衡和效果的最优化。[②] 建立包括政政的协同、政社的协同、政企的协同、多方的协同的社区委员会，实现国家治理体系与基层社区治理的对接，并把基层社区治理融入到整个国家治理体系中，提升基层社区治理的范围和价值。

社区自治与共治良性互动的目的是通过"党委领导、政府负责、社会协同、公众参与"，调动基层社会不同主体参与社会治理的积极性，在法治规则下形成社区治理的活力和合力，真正有效解决社区民生问题，为化解基层社会矛盾提供制度化的法治解决通道，让治理更加科学和有效。

第三节　新时代党建引领基层社区治理的路径

党的十九大报告指出："加强社区治理体系建设，推动社会治理重心向基层转移，发挥社会组织作用，实现政府治理和社会调节、居民自治良性互动。"当前，上海社区治理逐步实现共行政主导向多元共治转变、从局部改革向整体优化转变、从注重硬指标向关注人民获得感转变、从以投入促发展向精准发力转变。[③] 这意味着，党建引领既贯穿于基层自治共治德治法治的全过程，也为基层社区治理提供了必要的组织保障和平台资源。因此，基层社区治理创新要以党建引领为核心，依托党建服务阵地，实现基层社会自治、共治、法治、德治的有机融合，以党员作用发挥为关键，围绕服务体系建设，优化党建引领基层社区治理的新路径，以基层党组织服务平台建设为基础，发挥基层党组织在基层社会中的整体功能，创新党建引领下的基层社会自治共治德治法治一体化的新模式。

一、党建引领基层社区自治共治的不足

党建引领基层自治共治是一个复杂的系列工程，党建引领工作有着特定的内涵和要求。课题组对照党建引领基层自治共治的支撑条件，综合分析调研情况，认为当前党建引领基层自治共治工作还存在着如下不足。

引领意识上弱化。主要表现为部分基层党组织书记对党建引领基层社区治理的重视程度不够，认识上缺乏高度，习惯性更多关注经济指标的完成，把党建

① 李友梅：《以基层党建引领社区治理创新》，《人民日报》2017年7月9日。
② 潘鸿雁：《社区治理新模式：共治与自治互动》，《学习时报》2013年6月28日。
③ 李友梅：《以基层党建引领社区治理创新》，《人民日报》2017年7月9日。

工作当成软指标、软任务，不自觉地弱化了基层社区治理工作，对党建引领这一关键不甚重视，党建工作也难以做实、做细。

工作职能上泛化。在社会治理创新中，党建工作是核心灵魂，但是也有部分基层党组织不清楚党建引领的具体内涵和范围，部分基层党组织把党建工作和居委会工作混为一体，甚至用居委会工作代替党建工作，不加区分社会治理、居民自治和党的领导的边界和职能，把党建工作当成一个框。

队伍建设上虚化。居委会行政化趋势比较明显，习惯于眼睛向上，社区工作者素质结构难以适应新的要求，部分治理团队的整体能量没有得到有效激发，内部职能分工存在壁垒，很多时候疲于应付上级交办的工作任务，没有时间和精力深入基层调研、了解群众所需。

平台建设上类化。基层社会的各类平台设置或者载体创新表现为雷同化的倾向，平台建设缺乏因地制宜的真正创新，部分基层党组织在设计平台载体方面习惯于照搬照套，并不是立足于问题或者居民区需求来设置平台载体，不接地气，其效果也大打折扣。

体制机制上空化。主要表现为制度建设与工作机制不匹配，虽然制度不断完善，但是制度执行令人担忧，制度体系建设意识缺乏，还处在粗放型的就制度谈制度建设阶段。比如。党建在基层社区治理工作中发挥引领作用的体制机制还不完善，在职党员双报到作用发挥不尽人意，制度上还存在可供完善的空间。

二、党建引领基层社区自治共治不足的成因

人始终都是社会治理创新的核心要素，党建引领基层自治共治中之所以出现乏力和疲软，根本性的原因在于治理主体参与动力上软化，参与动力机制不健全。具体表现为三个层次：

书记带头人的示范引领力不足。就基层党组织书记而言，一个好书记就能带动党建引领工作打开局面，推动基层治理创新，但这毕竟是少数。还有部分书记责任意识不强、创新意识不强、事业心不强，“领头雁”的作用没有得到有效发挥。

党员持续参与社区的热情不足。就党员队伍整体而言，参与社区治理的人员群体过小，积极性不高，局限于退休党员，持续参与能力不强，党员带动参与效果不佳，如何调动和使用好在职党员的力量还有待进一步强化。

驻区单位参与共治的互动不足。驻区单位参与社区共建动力是双向共赢的，目前看来驻区单位为社区共治提供资源的多，提供物质帮助的多，而社区对

驻区单位提供的资源有限，社区服务于驻区单位的形式较为单一。

政治凝聚力不足。有的基层党组织贯彻落实党的民主集中制不到位，领导班子不团结；有的软弱涣散、有组织没力量，说话没人听、办事没人跟；有的党内政治生活不严肃、不认真。[①] 党建工作作为基层社区治理的发动机功能体现不够。

三、党建引领基层社区治理的提升路径

（一）价值引领：多元背景下共识凝聚与党建感召力

近年来，在推进党建引领基层自治共治工作中，基层牢牢抓住社会主义核心价值观认同和社区精神凝聚展开，坚持基层党组织政治功能和服务功能为一体，在社会日益多元的背景下，发挥党组织在思想价值上的指引和凝聚功能。如方松街道泰晤士小镇居民区党支部以“九元同创”为目标，精准发力社区“绿色、乐活、公益、安全、创意、文化、宜居、智慧、文明”九元同创治理愿景，抓住社区共同精神家园的情感纽带。如九里亭街道开展了三年行动计划心愿征集，收集居民意见建议，汇总提出“五型家园”（和谐家园、美丽家园、宜居家园、活动家园、幸福家园）社区发展三年行动目标。在党员作用发挥方面，如岳阳街道、广富林街道开展的党员服务社区项目的微心愿认领等，都在党建工作的实践中凸显了党组织在思想价值方向上的指引力和凝聚力。

实践表明，党的领导根本上是思想领导、政治领导，因此，发挥基层党组织的引领作用就要坚持党的政治立场毫不动摇，善于提出共同发展愿景，主导基层社会舆论导向，弘扬社会主义核心价值，引领思想政治方向。具体而言：

一是宣传指导，做权威信息的发布者。在坚持传统宣传阵地的前提下，依托新媒体和互联网＋党建，通过社区微信公众号、QQ、APP 等平台，注重宣传党建工作和形象塑造，及时沟通回应热点事件，主导社区舆论导向，团结引领意见领袖发挥作用。二是文化培育，塑造社区建设的精神家园。这是精神引领和柔性引领，打造社区文化平台，依托居民自治文艺团队，通过社区文艺演出塑造社区精神，善于把核心价值观融入社区精神，引领基层社会风尚。三是党员示范，培育社区党员的模范群体。这是以上率下的行动引领，通过社区党员榜样的带动，尤其是领导干部的参与，通过各种激励手段表彰优秀党员，扩大党员公益认领的通道，带动社区骨干、志愿者、社会人才等参与社区公益。四是评价主导，监督评

---

① 杨根乔：《当前强化基层党组织整体功能问题调查与思考》，《江淮论坛》2017 年第 2 期，第 95 页。

估强化组织权威。党组织要掌握基层社区治理的监督评估主导权，对基层社会自治共治各类主体表现给予评价表彰，通过监督评估激励树立党组织威信和话语导向，占据价值判断制高点。

（二）组织引领：党建引领组织覆盖与示范导向

组织工作是党的工作基础，党组织对基层自治共治的引领体现为党组织的领导力、服务力和整合力。近年来，松江区在推进党建引领基层自治共治工作中，牢牢抓住党建引领的组织基础建设，通过党建组织网络的全覆盖和党建工作服务阵地建设的体系化，打通党建组织服务引领的最后一公里。如岳阳街道建立“1＋3＋26＋X”党群一站式服务平台。以机构职能转变、群团改革为契机，梳理各类人员队伍、优化各项规章制度，通过构建“1＋3＋26＋X”一站式党群服务网，即街道层面设立一个党群服务中心，下辖党建服务中心、群团服务中心、社区党校，在26个居民区设立26个党群服务站，机关企事业、“两新”组织、区域单位等设立若干个党群服务点，最大程度地整合党建部门和工青妇组织的人财物资源，面向岳阳区域所有党员、职工、青年、妇女和群众开展服务，做到党建群团服务、社区公益服务、基本便民服务对辖区单位和党员群众的全覆盖。如广富林街道推行社区工作者“三个30%”网格走访工作机制。即居委会干部和网格长每年走访网格内30%的家庭，熟悉网格内30%的居民，每天在网格内工作时间达到30%。以“开门办公，上门服务”的工作方式推动居委会干部走近居民、走进家庭，解决居民群众实际困难。共走访15 812户居民，平均走访比例达71.2%，收集建议387条、问题1 326个，已解决1 230个，深受居民群众好评，将党建工作的触角延伸到居民和楼道，让老百姓又亲身的体验感和获得感。此外，街道还挂牌成立明星书记——郑丽娟书记工作室，培养孵化年轻党务人才队伍。

实践表明，马克思主义政党巨大凝聚力和整合力来自于党组织的组织资源和组织优势，党的引领作用不是抽象的和自发的，需要提升基层党组织覆盖和阵地建设的有效性，增强基层党组织创造力、凝聚力和战斗力的行动自觉。具体而言：

一是党组织功能定位牵头抓总。角色认知决定引领作用发挥，基层党组织书记要有第一责任人的担当和领导自觉，必须旗帜鲜明地坚持党组织的领导核心地位，通过牵头抓总发挥领导核心和战斗堡垒作用，善于成为基层社区治理的领导核心。这是基层自治共治的主心骨，基层社会的主心骨，不能自我边缘化。二是党建引领支点“全覆盖”。党建引领的支点应设置在党支部层面，网格和楼组作为最小单元打通党建“最后一公里”。城市社区与农村情况不同，不搞一刀切，农村地区党建区域面积大，适合建立“村居党总支—片区党支部—网格党小组”三级党组织网格体系。城市居民区相对集中，适合建立“街道党工委—居民区党支部—楼组党建”三级组织网络体系，强化基层党支部的号召力。三是阵地建设突出服务引领。依托党建服务中心的牵头协调功能，引领统筹工青妇开展工作，建立“党建服务中心—党建服务站—党建睦邻点”三级党建阵地体系，在社区形成“党支部领导团队—党员融入团队—团队凝聚群众”的服务引领体系。有阵地才有依托，有服务才有作为，有作为才有地位，有地位才有引领。四是书记带头人孵化先锋群体。建立“书记班长—党务工作者——党员志愿者”的队伍体系，可成立一批明星书记带头人工作室，发挥其示范辐射孵化的“传帮带”功能，形成分层分类的党务人才队伍。这是榜样引领，放大明星书记效应。

（三）自治引领：党的领导贯穿于“四位一体”自治全过程

近年来，松江区在基层民主自治进程中坚持党组织领导核心地位，组织带领基层群众，创新基层社区治理方式，把党的领导贯穿于基层自治的全过程。如，石湖荡镇金胜村以“网格议事会”为抓手，贯彻市委“1＋6”文件精神，将网格化治理与农村基层党建相结合，建立网格支部，探索两者结合的新模式，加强党组织引领。网格支部书记为“网格议事会”的召集人和责任人，“网格议事会”根据村党总支有关规定，拟定“网格议事会”工作制度，制定“网格议事会”工作清单，对“网格议事会”成员的调整拟定相关条件和入选细则原则，确保党组织对基层自治工作的引领，发挥了网格内党员的先锋模范作用。目前，金胜村共有 6 个“网格议事会”，有 80 名“网格议事会”成员，其中 50 名为党员，占 62.5%，党员占主体地位。通过以党员为核心开展各类议事活动，有了针对性和方向性，解决了以往议事的随意性，掌握了议事过程的主动权。如松江区九亭镇涞亭居委会探索的居委会、业委会成员交叉任职模式，居委会干部担任业委会主任，用双重身份，调和矛盾、平衡利益，在居委会、业委会与业主之间起到了桥梁作用，实现居委会、业委会与物业公司之间资源共享与优势互补，联动社区三驾马车。

实践表明，基层党组织要发挥领导核心作用，必须对自治全过程引领，通过主动掌控引领基层自治的议题规则，组织党员嵌入等方式，实现其对基层自治方向、人员的主导，确立基层党组织在基层社会自治中的领导核心的权威和认同。具体而言：

一要做自治议题的策划者。在“四位一体”的联席会上居民区党组织要掌控会议议题的提出，党组织要主导会议决策方向和内容。基层自治也不是随意和失控。二要做前期介入的主导者。居民区党支部对业委会、社区自治团队等的成立和人员选定提前介入，依照程序提前策划、沟通、协商、掌握，党员和居委会干部符合条件的优先进入业委会的提名权。三要做组织嵌入的培育者。在社区自治团队中渗透与培育党员负责人、联系人，保证自治组织团队组织引领。四要做规则制定的领头者。基层党组织牵头，带领自治组织协商制定自治公约、议事规则，引领自治程序，不可放任自流，依照法律的规定主导游戏规则。五要做议事平台的召集者。居民区党支部要做会议的召集人和主持人，主导议事会、听证会、评议会平台，召集主持会议，并善于广泛听取民意，组织动员居民有序参与基层自治。六要做利益矛盾的调解者。面对自治中的难题和分歧，基层党组织要扮演老娘舅的裁判者角色，在尊重依法自治的前提下，通过自治平台化解基层矛盾，运用掌握的行政资源协调各方利益寻求最大公约数。

（四）共治引领：整合区域化大党建的资源平台

基层社会共同治理中，党和政府的主导始终是关键，坚持群众当家作主，组织群众有序参与，必须有协商治理的活动平台和双方合作共赢的工作机制，更离不开基层党组织对共治载体、资源的主导协调。近年来，岳阳街道培育“1＋2＋X”区域化党组织模式。“1”即街道党工委；“2”即街道党工委领导下的行政组织党组和社区党委；“X”即街道行政组织党组、社区党委下属的各类基层党组织，以三级组织网络实现街道区域化党建组织网络全覆盖。同时，在居民区层面推行“大党委制”，成立“岳阳区域党组织联合会”平台，倡导社区民警、业委会、物业公司、驻区单位、社会组织等各方面党员代表，通过相关程序兼任居民区党组成员，提高居民区党组织整合、统筹、协调区域党建资源的能力，合力解决社区建设管理中的问题。如，方松街道探索以社区党建联席会议制度和居民区党员代表会议制度平台，泰晤士居民区党支部探索“六方三联九同创”社区治理模式，其中“六方协力”为基石，优化升级社区“4＋2”的六方共治自治主体架构。“4”是指党支部引领下的居委会、管委会、物业和业委会，“2”是指居民自治和商家自律，实现区域内外的多家单位积极合作，共同管理。此外，叶榭镇形成党员积分管理，方松街道建立在职党员作用的“六带头、六不要”“三给工作法”等，为在职党员社区双报到和作用发挥搭建平台。

实践表明，居民自治是社区治理的基础，但是居民自治面临着资源缺乏、参与不足等困境，社区共治与居民自治良性互动的优势就在于其在党组织的领导下，依法开展社会治理，调动更多主体参与到社区共同体的维护和发展中，实现最大范围内的资源共享，优化基层社会秩序。具体而言：

一是强化党建联席会议的平台主导权。以“1＋2”领导为核心，建立以党

(工)委为核心的街镇区域化党建联系会议制度,建立"社区委员会提议—区域化党建联席会商议—社区代表会评议"共治议事体系,解决大党建平台问题,通过社区大党建联盟实现对社区事务治理议题形成的主导。二是引领自下而上的社区协商共治。社区党组织要以社区代表大会和委员会制度为基本依托,吸纳区域不同主体参与社区治理,通过结对共建实现双方资源优势互补,做好协商共治中的民意引导。创设制度化配置区域单位党建资源载体,解决共治主体参与共治动力问题。三是在职党员参与社区服务积分管理。严格社区党员双报到制度,细化党员服务社区目录,建立区层面的党员社区服务积分管理数据平台,按照积分进行激励管理。四是完善"两代表一委员"联系基层制度。加大党组织统战工作力度,发挥制度框架下民意诉求反映通道,团结和引领基层社会诉求导向。五是加大社会组织的孵化培育。按照"1＋15＋X"的社会组织服务支撑平台,基层党组织要扶持培育孵化的社会组织,善于通过购买服务等方式,扩大社区治理的第三方力量。

(五) 服务引领:党建项目的示范和精细化管理

党建项目化是基层党建引领基层自治共治的重要载体,涉及覆盖松江基层社区治理项目的70%。2015年以来,松江区开展基层党建工作项目化建设探索创新,基层党建工作化虚为实,化软为硬的工作载体,在党建项目化的实施中坚持问题导向、需求导向,有效激活基层党建的活力和党员群众的认同度。如,广富林街道坚持以问题、需求和项目为导向,探索实践区域化党建引领下的社区共治机制,注重自下而上的议题设置机制,把大家关心的热点难点焦点问题,以及与群众切身利益密切的事务,作为共治议题、共治项目,激发群众参与热情和积极性。如,岳阳街道人民桥居民区党支部开展"党员名片工程"党建项目化,居民区党支部把种类繁多的社区工作浓缩成最核心的4大类10多项具体内容,在分配任务时,也更看重每个党员的个人情况,鼓励大家认领能发挥专业特长的岗位责任。

实践表明,实施党建工作项目化管理是落实党建工作责任制的有效途径,是破解基层党建工作难题的有效手段。但是发挥基层党组织的整体功能要坚持协调发展,把党建项目化工作立足于基层党组织整体功能的发挥,把党建工作与项目化的理念流程方法有机结合。离开基层党组织的服务功能单纯强调政治功能,不会处理政党与群团组织的关系,不会利用社会力量与新媒体技术积极拓宽服务领域、优化服务内容，会使基层党组织失去活力、丧失吸引力和感召力。[①]

党建项目是党建引领的主要抓手和载体，是党建引领自治共治最生动、最广泛、最直接的体现。一是强化目标导向。通过区、镇层面党组织设置的党建项目发布，以及党建经费保障把党的中心工作凸显出来，把党建项目与自治项目有机结合，通过体制内外的项目集成，减轻基层负担，体现基层党建的政治和方向引领。二是强化问题导向。基层党组织要善于把居民群众的诉求和治理的难题通过项目来解决，用具体的获得感体现基层党组织服务群众的精准性。三是强化品牌导向。在党建项目引领示范的前提下，社区层面要培育有影响力的党建品牌，示范引领基层社区治理创新，体现基层党建对基层自治共治的示范引领。四是强化专业导向。通过项目化提升党建工作管理的专业程度，通过借鉴第三方专业力量，创新提升党建引领基层治理的整体水平。五是强化结果导向。通过对党建项目的评估表彰激励，通过党建项目典型宣传推广，突出党建工作的科学性和示范性，引导基层社区治理的方向。

总之，党建引领是基层自治共治的主线，其决定着自治共治的方向。党建引领是全方位多层次的引领，在基层社区治理日益复杂化的情况下，加强党建引领工作需要整体谋划，既要有体现思想政治功能的价值引领，也要有引领自治共治的载体平台引领，既要有发挥党员先锋模范作用的行为引领；也要有具体推进工作的党建项目引领。

---

① 王懂棋：《如何加强基层党组织的整体功能》，《学习时报》2015 年 11 月 19 日 A3 版。

第六章

我国城市基层社区治理路径的思考

第一节　国际典型的社区治理模式

一、美国:社区自治的社区治理模式

美国的社区治理具有十分悠久的历史。早在17、18世纪的殖民地时期,受英国地方治理模式的影响,美国就形成了地方名流获得授权治理社区的治理模式。19世纪,在新英格兰地区出现了契约型社区治理模式,并逐渐发展成为民主自治模式。1966年,肯尼迪总统推动并实施了由居民参与的邻里复兴项目,成立了社区发展公司来帮助重建社区,美国现代城市治理网络才得现雏形①。经过半个多世纪的发展,目前美国形成了多元主体参与、偏重自治的协同参与式社区治理模式。

(一) 参与主体

美国的社区治理一直被认为是一种公民自治的典型形态,社区并不是作为政府的一个基层管理单元(行政区划)而存在。联邦各州乃至各个市、镇,都有其独特的社区治理方式,但是社区发展和管理上,基本都采取了"政府负责规划指导和资金扶持,社区组织负责具体实施"的运作方式②。政府只负责具体的宏观调控与指导,而将具体事务下放给社区自治组织和各类民间团体。在社区日常的治理活动中,社区董事会、社区主任、社区服务委员会、非营利组织及社区居民

---

① 王旭、罗思东:《美国新城市化时期的地方政府——区域统筹与地方自治的博弈》,厦门大学出版社2010年版,第225-227页。

② 邹丽琼:《美国城市社区治理及其启示》,《北京城市学院学报》2009年第1期,第59-63页。

都是社区治理活动的重要参与主体。

1. 社区董事会

在美国的社区管理过程中，社区董事会是社区的主要议事和决策机构。董事会成员必须是本社区居民，或者在本社区就业的市民。社区董事会成员一般由区议员提名，并通过社区居民选举产生。董事会成员没有薪酬，他们为社区公共事务的管理无偿贡献宝贵的个人时间和精力。

社区董事会主要的职责包括：收集居民意见、增进社区福利、与社区居民和政府部门加强沟通、参与编制预算和资金使用计划、制定社区发展规划、监督评估社区服务质量、选聘委员会职员、分派社区主任和专业工作人员日常工作，并分别向市长、区政府和议会递交年度报告等。为了实现董事会的职能，大多数社区会根据本社区的实际需要把工作划分为若干方面，并成立各种专门委员会实行管理。[①] 各专门委员会的领导人必须由社区董事会的成员担任，而其他成员则可由社区其他居民来担任，这一方面既有助于解决社区管理过程中人力不足的问题，另一方面也有助于培养未来的社区管理人员。

2. 社区主任与社区服务委员会

社区主任一般由社区董事会任命，他接受董事会的直接领导，社区主任是社区董事会决策的具体实施者，履行董事会的决策，执行预算和资金使用方案。社区主任可以与政府官员、立法机关和行政区的区长就本社区的相关问题进行合作、协商、提供帮助并提出建议。社区主任可以安排社区服务委员会办事机关的专职社工处理社区日常生活的各类问题并承担社区董事会和法律要求的其他任务。

社区服务委员会是社区主任领导的工作机构，社区服务委员会由为社区提供服务的各个机构的人员组成。主要职能包括处理社区服务过程中存在的各类问题，与社区居民就社区服务中存在的问题进行协商和对话，推荐能满足社区居民需要的各类合作项目等。在社区主任和社区服务委员会的领导和组织下，为社区提供服务的非营利组织和专职社区工作者具体完成社区的各项管理和服务事务。[②]

有些社区还设有“顾问委员会”作为社区管理和社区服务的咨询与监督机关，以对社区管理活动进行监督。

---

① 郑晓东：《美国城市社区自治的现状与趋势》，《浙江学刊》2008 年第 5 期，第 134 - 138 页。

② 郑晓东：《美国城市社区自治的现状与趋势》，《浙江学刊》2008 年第 5 期，第 134 - 138 页。

3. 非营利组织

非营利组织是各类社区服务的具体提供者，是在社区中进行公共服务和社区治理工作的重要服务机构。据统计，全美150多万个非政府非营利组织遍布各地，服务领域涉及社区服务、文化、教育、治安、卫生、就业等居民需求的方方面面，他们承担着大至社区安全、区域规划、环境保护、社会福利、社区教育、社区文化；小至房屋维修、垃圾处理、妇幼保健、老人照顾等社区的日常工作。①

非政府组织推动了社区服务体系的建立与社区服务功能的开拓，各类非政府组织按照自身基本宗旨的要求，不断开拓社区服务功能，服务社区居民。这其中既包括邻里间自发组织、以互相帮助、彼此受益为特点的邻里合作社；也包括一些全国性社团，比如美国绿色建筑协会、新城市主义协会和自然资源保护协会等，这些全国性的社团既为社区居民提供了丰富多彩的服务，也促进了居民对社团的了解；在社区中还有为社区发展制定规划的社区发展公司，以及为社区发展提供资金的社区基金会。

4. 社区居民

美国社区治理的本质是居民治理，社区居民是社区治理活动的重要主体。居民参与社区治理活动的主要内容包括社区的规划、社区活动的预算、社区的治安、教育、环境、公共设施维护等一系列与居民生活息息相关的事务。社区居民参与社区事务的形式和途径多种多样，既包括个人直接参与社区组织的听证会、评议会来决定社区事务，也包括参加社区选举通过代议制参与社区治理。社区听证会主要涉及本社区公共利益的、与社区居民日常生活密切相关的、社区居民普遍关心且意见不尽一致的热点和难点问题展开讨论，为大家提供一个表达立场和观点的场所，一个相互了解和沟通的机会，以求在此基础上消除分歧，达成共识②。

（二）基本原则

1. 自治原则

自治是美国社区治理的首要原则，它在美国最初的乡镇自治中就体现出来。托克维尔在观察美国的乡镇自治后指出："乡镇在只与其本身有关的一切事务上

① Robert Wuthnow, "The Effectiveness and Trustworthiness of Faith-based and Other Service Organizations: A Study of Recipients′ Perceptions", *Journal of Scientific Study of Religion*, no.1, 2004, p.43.

② L. M. Montiel and J. W. David, ,"Getting a Piece of the Pie: Federal Grants to Faith-Based Social Service Organizations", *The Roundtable on Religion and Social Welfare Policy*, *no*.2,2006.

仍然是独立的，而且我认为新英格兰的居民没有一个人会承认州有权干预纯属于乡镇的利益。”[①]美国社区里的事务通常由社区的最高权力机构——社区董事会来进行自我管理。社区董事会不向市政府负直接责任。政府指导社区的发展，但是不直接干预社区内部的事务。社区发展中涉及多数居民利益的社区发展规划、土地使用计划等都要获得社区多数居民的同意才能实现。

2. 服务原则

美国社区治理的服务性体现在社区公共职业者的咨询角色与社区治理的公益性上。在美国的社区治理中，公共服务职业者承担着顾问的角色，他们主要是为社区的管理、发展和日常生活提供咨询和建议。以社区主任为例，社区主任要担任协调服务者、廉政监督员、投诉处理人、信息收集专家、社区组织者等多种角色。这些角色都带有明显的服务色彩。而在社区治理的公益性上，除了一些公共服务企业外，参与美国社区治理的许多个人、社团都不以盈利为目的。他们参与社区治理是为了践行公民权利和义务，而不是为了从社区治理中获取更多的社会资源和个人利益。例如《纽约市社区董事会章程》规定：“每个社区董事会拥有 50 名享有表决权的成员，任期两年，不拿报酬。”

3. 责任原则

美国社区治理是一种责任治理。它既表现在社区居民的公民责任理念，也表现在社区治理的各个参与主体要对社区居民的要求做出回应，对社区居民负责上。美国社区居民是公共服务的消费者，是社区的所有者和治理者。这就要求社区居民必须广泛参与社区事务，要求居民承担起关注、参与、决定、解决他们自己问题的责任。居民广泛参与活动对社区治理的其他治理主体也提出了更高的要求。社区治理的各个参与主体在社区居民参与的压力下，必须切实地担负各自的责任。因为，他们必须对社区居民负责，必须对社区居民的诉求做出回应。

4. 理性原则

美国社区治理的理性原则是指社区居民对社区治理要有审慎的思考，需要公民能够具有妥协的意识和观念，以及尊重他人利益和观点的态度。作为社区居民不仅仅要具有基本的权利意识，同时也要拥有公民义务意识和宽容精神。而且，社区治理主体也要充分考虑治理的成本和效益，尽量减少治理的成本和投入，扩大社区治理的效益。

---

① 托克维尔：《论美国的民主：上卷》，商务印书馆 1997 年版。

（三）基本特征

1.社区治理民主化

美国学者博克斯把美国社区治理模式称之为“以公民为中心的智力结构”并且把社区治理与公民治理等同起来，其目的就在于表达美国社区治理强烈的民主化特征①。在美国现代社区治理中，逐渐形成了社区代议民主制和社区直接民主制相混合的民主自治模式。社区居民既可以通过社区会议或社区听证会来直接决定社区的各项事务，也可以通过社区选举或政党选举来表达自己的意愿。社区的直接民主制和代议制民主制都凸显了社区治理的民主化特征。

2.社区治理市场化

在美国社区治理中，公共服务企业是社区治理的重要主体，而公共服务企业的运作促进了社区治理的市场化。市场化的社区治理机制相对于传统的官僚制治理机制具有较大的先进性，市场化的治理可以充分发挥市场竞争的优势，改变以往官僚制治理的权力垄断，可以减少治理中的腐败行为，可以打破政府对公共服务和公共管理的垄断，从而扩大公民的选择权②。所以，市场化治理可以摒弃以往官僚制治理效率低下、权力垄断的负面效应。

3.社区治理组织化

美国社区治理的组织化主要体现在社区治理是由社区自治组织领导的，而各类非政府组织加入社区治理提高了社区治理的组织化程度。美国的社区中存在多种多样的社区自治组织，如社区董事会、社区服务委员会等，这些社区自治组织推动了社区治理活动的组织化，有效保证了社区居民的各项权益。而各类非政府组织通过为社区居民提供多样化的服务，推动了美国社区服务功能的开拓和服务体系的建立，并作为个人与国家之间不可或缺的中间环节而存在。它们成为民选官员与社区居民之间的沟通桥梁，为居民参与社区公共事务提供了渠道，保证社区居民有秩序、有组织地参与社区公共事务。

4.社区治理多元化

社区治理的民主化、社区治理的市场化、社区治理的组织化导致社区权力的分散，社区权力形成多个中心，从而构成了社区治理的多元化特征。美国学者达尔 1961 年发表关于纽黑文的论文，揭示了美国社区权力的多元主义特征。他认为，现代美国社区中存在着许多不同的系统，例如：经济部门、政府部门、艺术部

---

① 施雪华、孔凡义：《美国社区治理及其启示》，《山西大学学报（哲学社会科学版）》2008 年第 4 期，第90－95 页。

② 彼得斯：《政府未来的治理模式》，中国人民大学出版社 2001 年版。

门和宗教部门。每一系统显然是由各自独立的，但相互之间为争夺最高权力斗争的一小部分人进行统治的。这些部门、组织、系统的共同特点，都是试图促进其基本权利资源的增值和积累。由此，在美国社区中就形成了多个相互独立的、相互竞争的权力中心[①]。

由此可见，美国社区治理是多个主体自由和平等参与的过程，公民、企业、非政府组织和政府分享着对社区的治理权力和责任，社区治理权力不是被政府或者社区代议机构垄断[②]。

（四）小结

综上所述，目前美国的城市社区治理体制是政府制定政策，社区自治组织具体实施，第三部门提供服务的社区治理体制，这种社区治理体制偏重自治和协同参与，强调社区及社区居民的自我依赖、自我完善、自我管理和自我发展的能力。社区变成了民主的聚集地，因为这里可以让每一个人都能参与到公共讨论之中。

二、新加坡：政府主导的社区治理模式

新加坡的社区建设采取政府主导型治理方式，特点是政府主导与社区自治相结合。政府主导社区建设，对社区组织提供物质支持和行为指导，引导社团、企业参与社区建设，建立社区服务网络，针对不同居民提供有效援助，构建具有归属感和责任感的社区生活。同时，社区自治组织被赋予充分的发育空间，社区基层草根组织与基层领袖都由民间自发产生，工作上完全独立、自治，带有明显的自我服务和自我管理性质，与政府是合作、对话关系，而非从属、领导关系[③]。

（一）社区组织体系

新加坡社区组织以选区为基础，社区组织的活动范围以选区为基本单位。人民协会是全国社区组织的总机构，设在选区层次上的社区组织是民众联络所和公民咨询委员会，最基层的社区组织是居民委员会。

1. 人民协会

新加坡全国社区组织的总机构是人民协会，它是新加坡政府的一个职能部门，也是基层社区组织的主管机构。它主要负责组织、领导和协调社区事务，将社区居民的需要和问题反映给政府，并将政府的有关活动安排和政策信息传达

---

① 奥洛姆：《政治社会学》，上海人民出版社 1989 年版。

② 施雪华、孔凡义：《美国社区治理及其启示》，《山西大学学报（哲学社会科学版）》2008 年第 4 期，第 90－95页。

③ 王名、杨丽：《社区治理的国际经验与启示》，《重庆社会科学》2011 年第 12 期，第 50－56 页。

给居民。人民协会下设民众联络所、公民咨询委员会、居民委员会等组织机构。人民协会的主席由政府总理兼任，另有一位部长负责日常工作。其常设领导机构是人民协会的董事会，共有包括总理在内的 15 名董事组成，多数是政治家、国会议员和部长。其中 10 人是由总理任命，其余 4 人是由人民协会各附属团体选举产生。人民协会宗旨是协助政府，联合民众，克服各种困难，促进人民的和谐共处、社会的安宁与繁荣①。

2. 民众联络所

在人民协会成立之初，首先接管了殖民政府留下来的 28 个民众联络所，然后又着手在全国各地建立同样性质的联络所。因此，民众联络所是人民行动党上台后建立的第一种全国性的社会基层组织。民众联络所就成为向民众解释政府的政策、传播正式信息的主要场所和渠道②。

随着民众联络所的增多和正规化，其作社会基层组织的作用也越来越大，为了对它进行有效的领导，充分发挥它的作用，政府决定建立民众联络所管理委员会来对联络所进行管理。1964 年 10 月 2 日首批民众联络所管理委员会宣告成立。民众联络所管委会成立后，将民众联络所的任务规定为给联络所附近的居民提供文娱活动的场所和机会，并积极鼓励和组织他们参加文娱活动。根据人民协会的规定，民众联络所可以代表人民协会管理民众，向政府或人民协会反映附近居民的要求，并把政府对这些要求采取的措施和政策传达给居民，以帮助联络所附近的居民发展公民意识。民众联络所从表面上看来并不是政治机构，只是一个社区的文娱交流中心。但实际上，政府是想通过民众联络所来吸引民众、组织民众、教育民众和导向民众，以扩大人民行动党的社会基础。

3. 公民咨询委员会

公民咨询委员会是以选区为基础的，带有地方议会特色的基层组织，公民咨询委员会具有较为浓重的政治色彩和较强的权威性。公民咨询委员会的主要任务是听取选区民众的意见，把这些意见整理后通过正式渠道反映给政府，调解选区内各种社会矛盾，向民众解释和传达政府的政策，并培养民众的公民意识。公民咨询委员会作为政府代言人，在政治上起着桥梁的作用，由于它与政府有着密切的关系，它的提议和调解都具有一定的权威性和约束力。随着公民咨询委员会的不断发展，公民咨询委员会在协助政府推动全国性的社会运动和组织选区

---

① 李路曲：《新加坡现代化之路——进程、模式与文化选择》，新华出版社 1996 年第 1 版，第 270 页。

② 王芳、李路曲：《新加坡社会基层组织建设的经验》，《理论探索》2005 年第 2 期，第 110－112 页。

内的各种社会活动方面发挥着重要的作用。这使其除了具有研究政府有关本区的政策以及应该向政府提出的议案，向政府提交本区福利的预算报告等一部分地方议会职能外，还具有在本选区内配合政府发动和组织全国性的社会活动，协助政府做好选举工作等政府的部分职能。但是，公民咨询委员会不具有议会的立法权和政府的行政权威。因此可以被看作是一种半政府性半民间性的基层组织。

4. 居民委员会

居民委员会是在新加坡城市化过程中建立起来的。新加坡的城市化过程发展很快，从 60 年代启动工业化计划和组屋建设工程，到 70 年代后期，大多数居民住进了高楼大厦，现代化都市基本建成。在新加坡城市化的过程中居民委员会也逐渐发展成型，居民委员会的目的是适应城市化的需要，在新的社区中解决居民的实际问题，发展居民的社区意识和对国家的认同感。1977 年，新加坡政府首先在马林百列和丹戎巴葛两个选区组建居民委员会。到 1980 年，大多数组屋区都建立起了居民委员会。1994 年 4 月 29 日以后，居委会也由人民协会接管。截至 2006 年 7 月底，新加坡全国共有 546 个居委会①。

（二）社区组织的功能

从新加坡建设社区和发展社区的实践上看，新加坡的基层组织作为一种现代化的社区组织，社区确实有着极其丰富、多元化的社会功能。在满足社区成员的需要方面，具有社会服务的功能、社会保障的功能。在人际交往与人际互动方面，具有社会互动的功能、人际协调的功能、社会整合的功能、社会参与与社会民主的功能。在国家生活领域，具有政府行政的功能、社会控制与社会稳定的功能、政治动员与政治参与的功能。②

1. 政治功能

新加坡社区组织在成立之时就被赋予较多的政治含义。以人民协会的主要基层组织民众联络所为例，民众联络所是向民众解释政府政策，传播正式信息的主要场所和渠道。随着新加坡民众公民意识的增强，联络所工作的规范化，联络所的政治色彩不断加深。因此，民众联络所虽然从表面上不是政治机构，只是一个社区的文娱交流中心，但实际上，政府想通过这种渠道来吸引民众、组织民众、引导民众，从而来扩大人民行动党的社会基础。

---

① 袁德红：《新加坡社区管理模式研究》，《中国管理信息化》2015 年第 22 期，第 200－201 页。

② 窦泽秀：《社区行政——社区发展的公共行政学观点》，山东出版社 2003 年版，第 54－58 页。

相对于民众联络所而言，公民咨询委员会则具有更强烈的政治色彩。公民咨询委员会除了要与本社区议员研讨政府政策，向政府提交预算报告外，还要配合政府发动和组织全国性的社会活动，协助政府进行选举工作等等。公民咨询委员会虽然不具有议会的立法权和政府的行政权威，但可以被看成一种半政府性的社会基层组织。

2. 综合管理功能

新加坡社区的综合管理功能主要是指社区充分发挥相当于基层政府的职能，对社区进行全方位的管理。居民委员会便是新加坡社区中受政府指导的民众自己进行管理的具有综合性功能的机构。居民委员会具有成员年轻化，管理民主化，组织结构灵活等特点，居委会的管理形式丰富多样，不但可以进行某些工作，在社区内解决居民的一些实际困难，具有一定的行政功能，协助其他社区组织的工作，而且还可以更经常性和广泛性地开展一些了解民意、咨询和文娱活动。

3. 社区参与功能

社区给民众提供了一个积极和自愿参与公共社会生活的场所。居民对社区事务的参与，可以有效提升对社区的归属感和认同感，培养居民对社区的责任感和居民的社区精神。社区组织作为政府与群众之间的沟通媒介，可以更好地反映和解决居民的现实问题，在向政府提出建议和计划同时，积极贯彻政府的政策，协助政府开展活动。另外，社区组织中的许多职务都由本区居民担任，他们可以更好地处理社区内出现的各种问题，组织居民开展文娱活动，增加居民之间的交往，并配合政府开展各种群众性的运动，从而在社区内培养公民精神和国家认同感，推动社区发展。

4. 价值引导功能

为了应对新加坡快速城市化过程中所带来的一系列社会问题，新加坡领导人特别注重与强调通过社区组织来培育民众的国家意识和公民意识。通过社区组织的宣传教育，潜移默化地使不同民族、不同社团和不同区域的居民相互交往，相互关心，并共同遵守得到国家和社会认可的价值观，从而保障社区居民的和谐生活。

（三）社区治理体系的基本特点

1. 社区组织的潜政治化

从制度上看，新加坡的社区组织具有中立的地位，没有政治倾向，完全是民间的区域自治组织。但是社区组织和社区领袖都与政府和执政党关系密切，社区领袖的政府委任制以及国会议员对社区事务的深度参与，都使政府和执政党对社区组织极具影响力。[①]

在新加坡，一方面，政府通过对社区组织的物质支持，促进了社区组织的发展，另一方面，新加坡政府官员通过在社区组织中担任职务，掌控了社区组织的活动方向。政府同时也充分给予社区自治组织发育空间，促进社区民间组织发育，这些社区组织通过自身的活动，分担了政府的大量管理和服务事务，减轻了政府的负担。

2. 社区活动的非强制化

新加坡的社区活动都是自愿性质的，各类文娱活动和社区公共事务也都是居民自愿参加的。通过社区组织的各类活动，既满足了社区居民的不同兴趣爱好和心理需求，也促进了社区居民之间的相互了解，形成组织、参与各种社区活动项目的群众基础，培育了社区居民的责任感、认同感和公民意识。

3. 社区运行的低成本化

新加坡的社区管理成本较低。原因在于除极少数的社区有受薪职工，绝大多数社区工作者都是义工。义工在民众俱乐部登记，参与管委会活动，义工无薪，即使为了便于开展义务活动而采取的鼓励性措施，如社区内允许义工 7:00 - 11:00 点免费停车，但义工会把优先权让与居民。通过这种自愿贡献精神的义工培育，以及丰富多彩的社区服务，促进社区居民广泛参与，减轻政府的压力，节约社区建设管理的成本[②]。此外，新加坡社区所有的收支都完全公开透明，所有的开支项目都是按市场化手段操作，按费用最节约化的宗旨运作[③]。

（四）小结

新加坡在发展过程中形成了独特的、以政府主导的社区治理模式，新加坡的社区治理模式是新加坡政府为应对社会结构变迁带来的挑战而借助国家政权的力量建立起来的一种半官方半独立的社会组织网络。新加坡的社会基层组织不仅仅是政府的政治工具，更是激发人民的公民意识和发扬社区自助和自力更生精神的重要力量。它在满足民众基本利益诉求的同时又发挥着促进种族融合增强社会凝聚力的重要作用。

---

① 王世军、于吉军：《新加坡的社区组织与社区管理》，《社会》2002 年第 3 期，第 43 - 44 页。

② 王名、杨丽：《社区治理的国际经验与启示》，《重庆社会科学》2011 年第 12 期，第 50 - 56 页。

③ 王世军、于吉军：《新加坡的社区组织与社区管理》，《社会》2002 年第 3 期，第 43 - 44 页。

三、日本:政府指导与社区自治相结合的混合型社区自治模式

日本的社区采取政府主导与自治相结合的混合治理模式,在这种治理方式下,政府提供政策、制度和经费支持,社区自治组织是政策、制度的主要建议者,社区以社区组织自治为主,政府对社区干预比较宽松和间接。通过这种混合治理方式,政府进行宽松有序引导,社区组织与居民积极响应参与,两者有机结合,相辅相成,共同为社区建设服务。①

(一) 社区自治组织

町内会是当今日本最重要的基层社区组织,它是设置在行政社区内的居民自治组织,在社区治理中发挥着举足轻重的作用。町内会是一种由社区居民选举委员会选举产生的社区性自愿社团,它既不是常规意义上的行政组织的最小单位,也不是由政府建立的下属组织。

1. 组织结构

町内会设有总会,为最高的决策机关。町内会以下设置"班""小组"等细分组织,并相应设置"班长""组长"等职务,每个班大约有 20 户左右,每个小组大约有 10 人。町内会设会长 1 名,副会长若干名,会计、审计各 1 名,文体委员、消防委员、环境委员、妇幼老人委员等若干名。町内会会长任期 2 年,可连选连任。新会长的产生一般先由前任町内会干部推荐出候选人,再通过居民投票选举,町内会干部一般由本地区的退休人员和家庭主妇担任,也有在职人员兼任的,无薪酬②。日本町内会会长的产生方式包括前任指定、轮流坐庄、选举或推选三种方式。选举分为两种,一是会员自由参加竞选的"海选",二是先由前任町内会干部推荐出候选人,再由会员直接选举③。

2. 经费来源

町内会的活动经费来源主要有会费收入、社会募款、辅助金收入和财产收入,其中会费收入约占全部经费的 60%左右,社会募款、辅助金收入和财产收入占 30%左右,其余 10%左右是上级政府补贴。町内会的成员不以居民个人为单位,而是以户为单位加入,一般情况下每户每月交纳会费 400～500 日元,而社区

---

① 王名、杨丽:《社区治理的国际经验与启示》,《重庆社会科学》2011 年第 12 期,第 50 - 56 页。
② 林和生:《日本社区的"町内会"》,《社区》2006 年第 6 期,第 36 - 38 页。
③ 韩铁英:《日本町内会的组织和功能浅析》,《日本学刊》2002 年第 1 期,第 46 - 63 页。

内的租户大约 200 日元[①]。

3. 组织规模

目前，日本全国大约有 28 万个町内会和自治会，町内会是城镇中老住户的组织，而自治会则是新住户的组织，町内会的规模大小不等，小的町内会只有几十户，大的则有 2 000～3 000 户[②]。为了提高町内会之间的协作能力，町内还会有会与邻近町内会共同组成“町内会联合会”，自下而上成立地市联合会、县联合会直至全国联合会。

4. 组织职能

町内会同时兼有居民自治职能和行政辅助职能。町内会的居民自治职能有：社区常规事务的自主治理、社区文化建设与举办会员联谊活动、组织居民参与环境保护活动、预防灾害与危机管理、协调社区内组织、组织游说，反映居民利益诉求以维护居民利益。町内会的行政辅助职能包括以下几个方面：负责上传下达，传达行政指令、接受相关行政部门的委托，负责社会福利和社会救济工作、协助行政部门做好如送交征收税金、送交国民健康和养老金保险费、分发选举投票站入场券、协助警察维持社会治安、协助红十字会救济募捐、动员居民同意政府实施公共工程、进行本社区的户口调查与统计等其他工作[③]。

5. 与政府关系

从总体上看，日本町内会与地方政府是职能互补、领导层互补的新型合作关系。首先，町内会与地方政府职能互补。一方面，町内会在自治职能的基础上协助地方政府履行行政职能，另一方面，町内会又向地方政府提供社区民意，整合社区民意与安定基层社会。其次，从组织建设来看，各级町内会、社会组织与政府行政部门的领导层互补，形成密切的网络关系，町内会成为人才供给源，为政府组织提供人才，这种相互交叉、关系密切的人才互补关系强化了町内会与地方政府的协调互动[④]。最后，政府与町内会是新型的合作伙伴关系。町内会可以协助政府解决困难，是地方政府的重要社会资源，地方政府可以与町内会等自治组织达成密切的合作伙伴关系，共同应对社会变迁和社会问题。有学者也提到：

---

① 卢学晖：《日本社区治理的模式、理念与结构——以混合型模式为中心的分析》，《日本研究》2015 年第 2 期，第 52－61 页。

② 张暄：《日本社区》，中国社会出版社 2007 年版，第 9 页。

③ 卢学晖：《日本社区治理的模式、理念与结构——以混合型模式为中心的分析》，《日本研究》2015 年第 2 期，第 52－61 页。

④ 张静波：《日本社区的组织功能及与政府的关系》，《红旗文稿》2009 年第 24 期，第 28－29 页。

"在居住社区的建设与改善工作及各种活动中，行政单位与町内会等自治组织应当是对等的合作关系，也就是说，彼此的立场，一方面是各自独立的个体；另一方面，为了提高居民生活的水准，在改革居民生活的工作上，有必要相互配合。"①

（二）基本原则

1. 准自治原则

准自治作为日本社区治理的原则是随着町内会的发展而产生的。町内会是由日本政府的末端组织演变而来的，承担着大量的行政辅助业务，可以说是地方政府的外围团体或"准公共团体"。但另一方面，由于目前日本地方政府在人事上对町内会的控制并不很紧，政府补贴在町内会的财政来源中所占比例较小，其与地方政府的关系也只是指导与合作的关系，而且在 2000 年，日本开始实施地方分权法，向民间让渡管理空间。所以，町内会作为自下而上代表居民诉求的社区自治组织的作用得到一定程度的增强，社区治理也相应地体现出一定的自治性事实上，町内会至今仍作为地方政府的底层组织协助政府管理基层社会。②

2. 服务原则

日本社区治理的服务性体现在两个方面：首先是町内会的目标是服务社区。町内会是为社区的管理、发展和日常生活提供服务的主要负责主体。《地方自治法》将町内会定位为"公益法人"，并明确规定：町内会必须"以从事居民相互联络、完善环境、维护管理集会设施等有助于维持和形成良好的地域社会的地域性共同活动为目的"③。町内会的活动惠及居民生活的方方面面，居民的生老病死、衣食住行也都离不开町内会④。除了一些专业的公共服务企业外，参与日本社区治理的许多个体、社团都是义务性的。他们的目的并不是为了从治理中获取更多的社会资源和个人利益。例如，町内会的正副会长、参事、会计、审计、顾问和咨询员们由居民推举产生，任期两年，而没有报酬。可见，日本社区治理中，町内会是一个完全公益性的服务机构。

3. 责任原则

町内会作为日本社区治理中的重要社区自治组织，由社区居民选举产生，为社区居民服务，并对社区居民负责。社区居民可以将町内会作为压力团体将下

---

① 高泉益：《安定日本社会的力量：社区组织町内会》，台湾商务印书馆 1999 年版，第 102 页。

② 宋雪峰：《日本社区治理及其启示》，《中共南京市委党校学报》2009 年第 3 期，第 90－96 页。

③ 日本总务省：地方自治法[DB/ OL]：(2008－06－18)[2009－03－22].http://law.e-gov.go./jpht-mldata S22/ S22/HO067.html.

④ 林和生：《日本社区的"町内会"》，《社区》2006 年第 6 期，第 36－38 页。

意上达，以此来影响地方政府的决策。社区治理的各个参与主体在社区居民参与的压力下，必须切实地担负各自的责任。因为，他们必须对社区居民负责，必须对社区居民的诉求做出回应。

4. 和谐原则

日本社区治理的和谐原则是指社区居民对社区治理既有审慎的思考，又有妥协的意识和观念，以及尊重他人利益和观点的态度，而社区治理主体如政府官员、町内会干部和社区民间组织要充分考虑社区居民的情感和感受。和谐原则是治理的主体和客体都应遵守的基本原则。有了社区治理主客体对和谐原则的认同和遵从，他们之间就易于形成一种良性的互动关系，人们都可以按照既定的规则融入社区治理的进程之中。

（三）基本特征

1. 自立的基层经济

近代日本社会建设的特点是经济发展带动下的社会建设，这同样表现在基层社区领域。经济上的自立既能够补充行政配置资源的有限性，又能够有效的针对社区居民需求开展社区治理。尤其在面对社区居民越来越注重权利与私利的社会结构背景下，以经济自立联结社区居民便具有很强的现实意义。基层经济自立的资金来源主要是通过当地的社会企业、社区经济团体、与社区相关的合作经济组织以及作为社区建设主体的中产群体等多渠道的资源注入，再加上政府方面的资金扶持，从而有效地构建起社区发展的稳定经济基础。日本基层社区的财政体系被称为“自治体财政”，不仅有独立管理的账户，而且也有相应的法律保障，这使得社区能够按照自主意愿开展治理实践并进行社区事务决策。尽管自治体财政也需要政府的拨款，但政府更多扮演的是扶持者角色，社区地方经济的发展依然是自治体财政维持管理的重要来源，因此，社区居民也就具有很强的自主性和社区公共事务的决定权。一旦社区需要做出环境改善等社区建设，就需要由居民代表组织的町内会或相关居民联合组织等来决定资金的使用。另外，本基层社区在组织举办各种活动时，更多依靠社区的经济资源，由于这些经济资源多由与社区相关的社会产业、社会群体提供，社区居民也就更愿意参与到活动之中，进而通过社区活动积累了自身的社会资本。[①]

日本的社区治理通过基层经济自立实现了社区经济发展的资金循环，不仅确保了基层社区治理的物质需求基础，为社区的可持续发展提供基础支撑条件，

---

① 李升：《日本基层社区治理的实践及启示》，《团结》2017 年第 1 期，第 65 - 68 页。

而且通过经济利益激发了社区居民积极性，将社区居民联结起来，从而扩展了其社会资本，使治理更为有效。

2. 多元协同的自治模式

多元协同自治是日本基层社区治理的主要架构。日本基层社区治理的主体构成是多元的，既包括社区领袖和企业家等生活在社区中的地方精英，也包括参与社区自治体系的社区工作相关的社会组织，还包括和地域社会有关的企事业机构，如专业性的经营、金融和扶持企事业的组织，以及作为基础主体的关心社区的居民，政府则更多地扮演协助者和合作者的角色。社区治理的多元主体通过协议会等形式，加强彼此间的协商沟通，充分尊重各方意见，在形成合意的基础上进行社区公共事务的决策。多元协同自治有助于激发多元主体参与社区公共事务的积极性和主动性，也有助于对社区问题的充分沟通与协商解决，通过协商沟通使社区居民实现了良性的社会整合，进一步强化了互相沟通与信赖的社会资本。

3. 注重地域文化构建

日本基层社区治理注重地域文化构建，核心在于维系社区规范与社区精神，使社区居民能够保持较高的社区认同感与社区归属感。地域文化构建强调通过社区规范与社区精神的培养，形成社区意识，主要包括社区情感、自主性养成及社区整合等方面。日本基层地域文化构建的具体表现形式为社会教育，以提高国民的道德修养、增进健康、陶冶情操等为目的，以居民自主的志愿服务活动为主，在社区开展文化和生活教育活动，以此促进生活文化事业的发展和加强社会福祉的保障。日本社会教育重在培养社区居民沟通参与的社会资本和培养人们的公共精神。社区教育立足于社区意识本位，能够推进社区居民公共精神的培养，能够应对城市化及流动化进程等带来的社区治理难题挑战，能够对人们在城市社区生活时社会关系的缺失、裂化、疏远等问题做出对应。此外社区将家庭教育和学校教育等融入到社会教育中，由此培养居民的社区归属感，完善居民的个人发展并促进社区融合，由此将社区建设成为规范性的自立型地域社会，不仅能够应对风险与危机，也能够使社区更富有活力。

从总体上看，日本的社区治理采取了行政与自治相结合的混合治理模式，坚持准自治原则、服务原则、责任原则、和谐原则，在社区治理过程中，注重地域文化构建，实现了基层经济的自立，最终形成了多元协同的治理模式。

第二节 国内外社区治理模式的比较分析

一、国内外社区治理模式的共同点分析

（一）国外社区治理模式的共同点

1. 社区治理主体的多元化且权责清晰

目前，在国外社区治理过程中的参与主体，已经不单单是政府和社区组织，非政府组织、社会组织和社区居民都已成为社区治理活动的积极参与者，治理主体多元化趋势日益明显。而且在国外社区治理过程中，不同的治理主体之间的职能清楚、分工明确、责任到位，很少出现推诿扯皮的现象。

国外在社区治理的发展过程中已经形成了权责清晰、分工明确的社区治理职责体系。政府在社区治理中的职责主要是规范、规划和指导，并予以经费拨款和支持。社区组织不论是官方、半官方组织，还是自治组织，一般具体负责实施社区发展目标，通过充分收集和反映居民意见，起到联结政府与社区居民的桥梁作用。非政府组织和私人企业从单纯地提供社区服务到逐步参与到社区事务的治理，他们在提供社区服务和吸纳社区居民参与方面发挥了政府和社区自治组织无可替代的作用。社区居民是社区治理中的重要主体，他们通过积极参与关系自身利益的社区决策中，承担了作为社区所有者对社区应负的责任。

在权责清晰、分工明确的背景下，政府在社区发展中的主导作用也得到充分发挥。欧美发达国家的早期社区发展具有较强的自发性，政府基本上不干预社区事务。但是随着社区在应对社会问题和社会变迁中作用的日益提升，政府逐渐开始重视社区发展，注重社区治理的作用，并将大量具体事务交给非营利组织和社区组织承担，并鼓励企业参与社区治理，而政府则更多地在规划指导、保障法律环境、组织项目和提供资金支持等方面发挥作用。

2. 非政府组织在社区治理中发挥了极其重要的作用。

随着社区治理理论的不断发展，社区治理越来越强调政府与社区及非营利组织、企业建立起密切合作、互相补充的伙伴关系。政府组织、指导与监控，社区组织和民间团体主办，企业在社区内通过市场机构提供优质服务，三者之间互相合作、互利互惠，这是国外社区发展的重要经验。在发达的市场经济国家，政府不是包办一切的全能政府，社区及非营利组织才是政府社区建设项目与计划的主要承担者，成为推动社区建设的关键力量。

以美国为例，社区非营利组织是美国社区实行民主管理和居民自治的重要载体，其职责和作用是代表社区居民的诉求以及在社区内开展居民服务，是社区管理服务工作的具体承担者，与社区居民关系密切。非营利组织在美国非常庞大，全美有超过150个非营利组织，年总产值1.4万亿美元，总资产达2.6亿美元。2005年，非营利组织雇用了全美的劳动力，超过了金融业、保险业和房地产业所雇用的劳动力的总和。[①] 目前美国一半的大学和医院、近半数的社会服务机构、大多数市民协会都属于非营利部门。[②]

3. 社区居民参与的作用日益重要

虽然国外的社区治理运作模式有所不同，自治程度存在差异，但是，社区自治一直是各国社区发展的共同价值取向和追求目标。居民作为社区自治的主体，居民参与社区事务的作用也日益得到重视。美国国家新闻处曾经把这种参与作用归纳为：提高了家庭和社区居民的生活质量；增进了人们的满足感、社会感和成就感；节省了大量的社会管理资金，提高了社区社会工作的效率和效益；改善了社区的邻里关系。[③] 社区居民通过参与社区事务的共同治理，成为社区公共决策的参与者、社区公共事务的参与者和社区公共事务的监督者，随着公民社会的进一步发展成熟，社区治理中公民参与的地位和作用将越来越显现。

（二）国内外社区治理模式的共同点

1.社区治理的根本目的是相同的

国内外社区治理的根本目的是为了解决社会结构深刻转型给社区带来的诸多问题。在对社区公共事务的共同治理过程中，搭建一个政府、社区、市场、社区组织、社区居民合作、协商的网络，建立社区多元主体不同利益的协调机制，以最大限度地促进社区公共利益的最大化，营造一个不同利益主体为着同一个目标，合作努力、共享社区资源、发挥各自功能、解决共同问题的社区环境，最终取得社区经济和社会的共同发展。这其中既包含了为社区居民提供社区服务以满足他们的生活需求和精神需求的目的，也包涵了解决社会问题，促进社会发展的目的。在提供社区服务和促进社会发展这点上，国内外不同社区治理模式的目的是一致的。

2. 对平衡政府权力的主张是相同的

---

① 罗光华.：《城市基层社会管理模式创新研究》，武汉大学博士论文，2011。

② 丁文：《美国非营利组织发挥社会管理助手功能的做法与启示》，《文史博览（理论）》2007年第2期，第79－80页。

③ 叶南客：《都市社会的微观再造——中外城市社区比较新论》，东南大学出版社2003年版，第104页。

国外政府基本都坚持“大社会、小政府”的执政理念，相关的社区治理理论也都主张限制政府的权力。在国内，虽然政府社区治理中长期扮演着全能型的家长角色，但政府的能力总是有限的，随着社会问题逐渐增多并沉淀到基层社区，政府在社区治理上也显得捉襟见肘，手足无措，无法用有限的力量和资源来满足日益增长的公众需求。所以，国内在社区治理的探索和实践中，越来越重视在平衡政府权力的同时转变政府职能。政府在承担应该履行的职能外，把理应由社会承担的职责归还给社会，放权给社区。

3. 坚持社区自治的方向是相同的

社区居民是社区治理的主体，社区自治是居民参与社区治理、维护自身利益的重要途径。在国内，每个社区基本上都建立了社区自治的章程，规范了社区民主自治，开展了社区民主选举，推进了社区民主决策，发挥了社区自治的居民自我教育、自我服务、自我管理、自我约束的功能。当然，由于国内公民社会发育缓慢，公民精神相对匮乏，国内社区居民民主参与意识需要进一步培育，和国外一些国家特别是相比，国内的社区自治程度较低，但坚持社区自治的方向一直是国内外社区治理的共同价值取向和追求目标。

二、国内外社区治理模式的差异性分析

（一）国外社区治理模式的差异性

1. 各国社区治理模式形成的政治文化背景不同

美国、日本、新加坡的社区治理模式的形成与本国的政治、经济、文化有着密切的联系。无论是社区自治模式，还是政府主导模式，或是混合治理模式，这些国家在社区治理模式的选择和实践，都与当时社会所处的政治、经济和社会文化传统等大环境密切相关。

以新加坡的政府主导型社区治理模式为例，新加坡属于东南亚国家，其民族文化背景与西方国家不同，儒家文化的影响根深蒂固。新加坡虽然是一个伦理社会，但在英国殖民地时期就形成了较为完备法制传统和完整的司法体系，所以新加坡也是一个法制国家。新加坡的公民由于没有受到革命动员性政治运动的影响，因此公民习惯在法制的框架下规范自身的行为，政治参与热情比较冷淡，民主观念较为淡薄，这些都是政府主导模式得以实施的政治文化背景。而美国社区自治的治理模式与它深厚的民主传统和完善的法律制度是分不开的。美国是一个推崇三权分立思想，实行分权制的联邦国家，美国200多年对民主制度的探索实践，使得公民自治传统十分深厚。同时，美国有完善的法律体系与法律制

度，这些都为美国社区自治的治理模式提供了形成的基础。

2. 各国社区治理模式中政府与社区的关系不同

由于各国政府在社区治理中与社区的关系存在差异，因此政府在社区治理过程中发挥了了不同的职能。在美国的社区治理模式中，政府与社区相对分离，政府并不过多干涉社区事务，主要负责制定法律，为社区自治提供法律制度和支持；与社区组织进行社区领域的合作，提供必要的资金支持。新加坡政府在社区治理过程中采取对社区直接管理的方式，通过设立专门职能机构负责社区事务、社区公共服务的规划，对社区和社区组织领导人开展培训，对社区组织行为进行引导和物质支持。而日本政府则对社区采取了相对宽松的态度，不完全控制社区的发展，政府主要负责宏观事务及政策供给，规范、指导社区发展；通过与非政府组织建立合作伙伴关系，培育社区自治，为社区自治提供便利和条件。

（二）国内外社区治理模式的差异性

1. 社区服务供给主体的差异

当今全球不同国家在社区公共服务提供渠道和方式上千差万别，从目前国际先进社区治理模式上看，欧美发达国家通常采取政府在社区治理过程中与民间社区组织明确分工的做法。各级政府统筹但不直接参与具体提供社区服务，而是通过高度专业化、市场化的第三方服务型组织提供社区服务。政府更侧重于建立健全规范的社区福利保障制度、社区服务规程，完善相关扶持和监督体系，在体制机制上规范约束第三方服务组织的服务行为。

我国政府在社区治理上通常采取设置政府街道办事处或社区居委会来对社区实施监督与管理，设立社区事务办理站来具体办理相关居民事务，这些机构大部分既具有服务性又具有行政辅助的性质。通过对比国外社区服务供给模式和国内社区服务供给模式，我们可以发现在社区服务供给方面，国外先进社区通常采取政府将社区服务转交给市场性的专业服务组织，而政府进行监督的做法，而我国社区服务的供给仍然以政府直接参与供给为主。

2. 治理组织结构设计的差异

各国针对各国不同的社区治理状况，采取了不同的治理组织结构框架，在组织结构设计上自然会体现出不同的特征。美欧发达国家已经形成了成熟的由联邦政府到地方州政府的分层宏观管理体制，在面对基层社区治理问题上，通常采取垂直管理体制，针对不同层次的治理主体，通过精细化的权责分工，明确各个治理主体对自身的权力与义务。

我国自改革开放以来，社区治理组织结构中相继出现了社区居委会、社区业主委员会、社区物业管理公司、社区居民理事会、社区工作站以及其他公益性服务等组织。但我国目前实行的是矩阵式的项目管理结构，该结构优点是能够迅速接触并解决社区公共事物问题，但不利影响在于容易形成多头领导、权责不对等的格局，社区治理服务提供者本身具有承接上级指导和社区内部公众要求的矛盾，需要综合权衡把握①。

3. 政府管理理念的差异

国外的社区治理更为注重社区公共事务自治化与社区居民对社区治理活动的参与，目的是为了最大限度地保障和提高社区服务工作的质量和效益，具体表现为在社区治理过程中强化社区群众的责任意识和公民精神，鼓励社区居民积极参与社区事务，培养社区民众科学参与社会政治生活的能力，并通过立法的手段保证社区自治的合理性与合法性。

而由于社区治理理念观念的差异，我国许多社区居民普遍认为社区治理和社区服务的供给应由政府或机构负责，政府由于其自身能力的局限，在应对社会问题、维护和发展公共利益上存在较大的困难。面对这样的形势，国内各级政府正逐渐改变对社区事务大包大揽的做法，开始逐步向社区工作站或其他社区社会组织转移部分职能，并逐渐加大向社会、居民放权的力度，促进社区自治的发展。

4. 社区服务投入机制的差异

社区公共服务的投入情况直接关系到社区公共服务的质量和社区居民对服务的满意程度，因而世界上的各个国家都根据自身条件相继扩大了对社区服务设施投入的力度，但在筹资渠道和财政投入上存在着较大差别。目前，西方发达国家已经形成了较为成熟的社区服务投入体制和丰富的物资基础，在社区服务供给制度建设、社区居民活动设施以及专业社工队伍的配备等方面都表现出一定的优势，公共财政、社会慈善机构、社会责任企业、非营利性组织、居民自身等共同构成了了社区公共服务投入的来源。

目前，我国由于经济社会的发展不平衡性，社区公共服务设施的投入主要来自于国家或地方的公共财政，社会企业、公益性组织、第三方专业服务性人才队伍发展还相对滞后，这在一定程度上影响了我国社区活动的成效，也决定了我国在改进社区服务投入上还面临着艰巨的任务。

---

① 毛军吉：《国内外先进社区治理模式的观照及启示》，《湖南科技大学学报（社会科学版）》2013 年第 4 期，第 86 - 89 页。

第三节　走向共建共治共享的社区治理格局

一、探索社区党组织和党员的作用发挥方式

新时期加强和创新社区治理的过程中，把握政党政治规律，探索社区党组织和党员作用发挥方式，最根本是加强党对社会组织的领导，促进社会组织健康发展，要以邓小平理论、“三个代表”重要思想、科学发展观为指导，深入贯彻习近平总书记系列重要讲话精神，做到“四个坚持”：一是坚持党的领导与社会组织依法自治相统一，把党的工作融入社会组织运行和发展过程，更好地组织、引导、团结社会组织及其从业人员；二是坚持从严从实，把握特点规律，严格落实党建工作制度，积极探索符合社会组织实际的方式方法，止行政化和形式主义；三是坚持问题导向，着力破解影响和制约社会组织党建工作发展的重点难点问题，推动社会组织党建工作水平全面提升；四是坚持分类指导，根据不同类型不同规模社会组织情况开展工作，切实提高针对性和实效性，不断增强社会组织和党组织的创造力、凝聚力、战斗力，充分发挥社会组织和党组织的战斗堡垒作用和党员的先锋模范作用①。同时，应创新基层组织设置，探索社区党组织和党员作用发挥方式，在组织设置模式上，创新“支部建在连上”“支部建在楼上”经验，将“支部建在片上”“支部建在行业上”“支部建在网上”，实现社会工作党组织网络的有效延伸与全面覆盖；在作用方式发挥上，转换思维，以创先争优活动为契机，创建服务型党组织、服务型党员，不一定以党的名义，但将社区党组织和党员作用发挥延伸至楼门，将党务、政务、社会服务等一并延伸至楼宇②。

二、探索枢纽型社会组织在新时期的工作机制

枢纽型社会组织是指由负责社会建设的有关部门认定，在对同类别、同性质、同领域社会组织的发展、服务、管理工作中，在政治上发挥桥梁纽带作用、在业务上处于龙头地位、在管理上承担业务主管职能的联合性社会组织③。枢纽型社会组织具有拥有完备的组织形式，具备较强的社会动员能力，相对丰富的社

---

① 《大力加强社会组织党建工作——中组部负责人就〈关于加强社会组织党的建设工作的意见（试行）〉答记者问》，《中国社会组织》2015 年第 19 期，第 12－15 页。

② 王名、杨丽：《社区治理的国际经验与启示》，《重庆社会科学》2011 年第 12 期，第 50－56 页。

③ 崔玉开：《“枢纽型”社会组织：背景、概念与意义》，《甘肃理论学刊》2010 年第 5 期，第 75－78 页。

会治理经验，以及与政府有良好的合作基础，是经济和社会建设的主力军[①]。在新时期的加强和创新社区治理的过程中，可以充分发挥区、街道社会组织服务中心等区域性枢纽型组织的作用，使其能有效凝聚本区域社会组织的力量，充分整合资源，促进社会组织规范活动，从而达到对区域内组织间接管理，促进自律发展的目标。通过完善区社会组织服务中心和街道社区社会组织服务中心的功能定位，充分发挥社会组织服务中心及其他枢纽型社会组织的作用，加大政府购买社会组织服务力度。加强枢纽型社会组织承接政府购买公共服务的能力，不仅可以满足社会对公共服务的需求，而且可以促进社会组织的发展，实现深度的政社合作，形成较为完善的政社合作模式，从而充分发挥枢纽型社会组织的政治引领与示范带动作用。

三、分类激励和支持培育社会组织

为了加强和创新社区治理，提升社区治理的效能和现代化水平，政府必须积极培育社会组织，使其在社区治理过程中能发挥出更大的作用。但考虑到资源有限性与效用最大化，各类社会组织不可能在同一时间都被培育，因此必须根据不同社会组织在社区治理过程中的作用与角色，对不同的社会组织进行分类，分析不同类型社会组织的优劣势，针对不同社会组织的实际情况采取不同的培育策略，以激励和支持它们参与社区治理活动。对在社区治理过程中起到管理作用的社区自治组织，应该给予其合法性地位，并着重地培养其自治能力与水平，提高其参与社区治理活动的效能；对于在为社区居民提供公共服务的社会组织，应该基于其资金与相应的政策支持，并着重提高其服务质量与水平；而对在社区治理过程中起联系作用的社会组织，应加强其与社区居民和政府的双向联系，使社区民众的需求能够及时向上传达，从而提高社区治理的效能。在培育和发展各类社会组织的同时，更重要的是要对社会组织的行为进行规范，要明确各类组织的参政议政地位，要逐步形成有各类社会组织共同参与的民主协商机制，完善决策的咨询程序，确保各类社会组织及其所代表民众的参政权，只有这样，才能有效地减少各类社会矛盾的产生，也将有利于社会矛盾的顺利解决[②]。

---

① 徐双敏、张景平：《枢纽型社会组织参与政府购买服务的逻辑与路径——以共青团组织为例》，《中国行政管理》2014年第9期，第41-44页。

② 胡仙芝：《积极培育社会组织 构建社会矛盾调节体系——以社会中介组织为视角》，《国家行政学院学报》2006年第6期，第42-45页。

四、整合志愿服务资源

在新加坡，由义工组成的草根组织超过 1 800 个，他们共同构成人民协会的草根网络，通过社会、艺术、体育和危机预警等活动将民众聚集在一起，共同推进社区融合。草根志愿者则身体力行，在倡导奉献、培养社区意识、为需求者解释政策并收集反馈等方面发挥作用。通过这种自愿贡献精神的义工培育，以及丰富多彩的社区服务，促进了社区居民广泛参与社区治理，减轻了政府的压力，节约了社区建设管理的成本①。新时期的加强和创新社区治理的过程中，可以通过培育社工事务所，发挥专业社会工作者作用，成立以专业社工为核心的各种义工(志愿者)组织，由社工策划志愿服务方案，指导、监督义工开展多种志愿服务，形成以“社工引领义工，义工服务群众，群众参加义工”覆盖基层社区的义工服务网络，建立起常态化、规范化草根志愿服务机制②，进而弘扬社会主义核心价值观，形成社区居民对社区的归属感和责任感，从而降低社区管理成本，维护社会和谐稳定。

五、拓展公众参与及其效能

社区作为基层社会的中心，是基层社会治理活动的重要平台，是加强社区治理体系建设、推动社会治理重心向基层下移、打造共建共治共享社会治理格局的关键节点。通过创新公众参与社区治理的体制机制，挖掘公众参与社区治理的深度，可以切实保提升公众参与基层社区治理的质量与效能。对此，我们可以通过完善社区信息公开制度，进一步扩大公开范围与内容，拓宽公开方式与途径；完善社区听证制度，完善详尽的听证规则，逐步实现听证会的规范化与制度化；同时建立居民反馈回应制度，对民众的意见和要求进行反馈和回应，最终实现提高参与效率、保证参与效果的目标。

---

① 王世军、于吉军:《新加坡的社区组织与社区管理》,《社会》2002 年第 3 期,第 43 - 44 页。

② 王名、杨丽:《社区治理的国际经验与启示》,《重庆社会科学》2011 年第 12 期,第 50 - 56 页。

参考文献

[1] Campbell, Angus, Philip E. Converse and Willard L. Rodgers, " The Quality of American Life", New York: Russell Sage: 1976.

[2] Claes Fornell, "The Science of Satisfaction" , Harvard Business Review, vol.79, No.3, 2011.

[3] David Miller, Is Deliberative Democracy Unfair to Disadvantage Groups? Ed. By Maurizio Passerin D'entreves, Democracy as Public Deliberation: New Perspectives, Manchester University Press, 2002, p.201.

[4] Filkins, Rebbecca. John C. Allen, Sam Cordes, "Predicting Community Satisfaction among Rural Residents: an Integrative Model". Rural Sociology, vol.65, No.1, 2000, pp.72 - 86.

[5] Goudy, Willis J, "Evaluations of Local Attributes and Community Satisfaction in Small Towns". Rural Sociology, vol.42, 1977, pp.371 - 382.

[6] Guobin Yang, "Environmental NGOs and Institutional Dynamics in China", The Samuel Paul, "Community Participation in Development Projects: The World Bank Experience", the World Bank, 1987.

[7] Jorge M. Valadez, Deliberative Democracy, Political Democracy, Political Legitimacy, and Self-Democracy in Multicultural Societies, USA Westview Press, 2001: 30.

[8] Joshua Cohen, Deliberative and Democratic Legitimacy, ed.By Bohman and William Rehg, Deliberative Democracy: Essays on Reason and Politics, The MIT Press, 1997, p.67.

[9] L. M. Montiel and J. W. David,,"Getting a Piece of the Pie: Federal Grants to Faith-Based Social Service Organizations", The Roundtable on Religion and Social Welfare Policy,No.2,2006.

[10] Maeve Cooke, Five Arguments for Deliberative Democracy, Political Studies, Vol. 48, 2000, pp. 947 - 969.

[11] Parasuraman,V.Zeithaml& L.Berry."SERVQUAL:A Mutiple-item Scale for Measuring Consumer Perceptions of Service Quality,"Journal of Retailing, Vol.64,No.1,Spring 1998.China Quarterly 2005:181: 46 - 66.

[12] Robert Wuthnow, "The Effectiveness and Trustworthiness of Faith-based and Other Service Organizations: A Study of Recipients' Perceptions",Journal of Scientific Study of Religion, No.1,2004, p.43.

[13] 埃哈尔·费埃德伯格:《权力与规则:组织行动的动力》,上海人民出版社2005年版。

[14] 奥洛姆:《政治社会学》,上海人民出版社 1989 版。

[15] 彼得斯:《政府未来的治理模式》,中国人民大学出版社 2001 版。

[16] 陈吉利、叶肖华:《参与、协商和社区——创新社会管理的元制度》,《理论月刊》2011 年第 10 期,第 130 - 132 页。

[17] 陈鹏:《城市社区治理:基本模式及其治理绩效——以四个商品房社区为例》,《社会学研究》2016 年第 3 期,第 125 - 151 页。

[18] 陈琼:《现代国家建构与妇女公共参与—组织变迁的视角》,社会科学文献出版社,2011 年。

[19] 陈琼:《型塑与变革:现代国家建构进程中的妇联组织研究》,华中师范大学博士学位论文,2009 年。

[20] 陈天祥、杨婷:《城市社区治理:角色迷失及其根源———以 H 市为例》,《中国人民大学学报》2011 年第 3 期,第 129 - 137 页。

[21] 陈伟东、李雪萍:《"社区自治" 概念的缺陷与修正》,《广东社会科学》2004 年第 2 期,第 128 - 129 页。

[22] 陈伟东:《邻里网络:自组织的社会结构——解读城市社区自治的一种分析框架》,《湖湘论坛》2010 年第 2 期,第 31 页。

[23] 陈伟东:《武汉市江汉区社区建设目标模式、制度创新及可行性》,《城市发展研究》2001 年第 1 期,38 - 44 页。

[24] 崔玉开:《"枢纽型"社会组织:背景、概念与意义》,《甘肃理论学刊》2010 年

第 5 期，第 75 - 78 页。

[25] 邓小平：《邓小平文选（第二卷）》，人民出版社 1993 年版，第 365 页。

[26] 丁娟、马焱：《妇联承担政府职能的优势与阻力研究》，《妇女研究论丛》2006 年第 12 期，第 120 - 123 页。

[27] 丁文：《美国非营利组织发挥社会管理助手功能的做法与启示》《文史博览（理论）》2007 年第 2 期，第 79 - 80 页。

[28] 窦泽秀：《社区行政——社区发展的公共行政学观点》，山东人民出版社 2003 年版，第 54 - 58 页。

[29] 范志海、刘钢，李高业：《大型居住区治理模式初探——以上海市三林世博家园社区为例》，《华东理工大学学报（社会科学版）》2010 年第 5 期，第 1 - 6 页。

[30] 方亚琴：《我国近十年城市社区参与研究述评》，《城市观察》2012 年第 5 期，第 181 - 187 页。

[31] 冯钢：《现代社区何以可能》，《浙江学刊》2002 年第 2 期，第 5 - 11 页。

[32] 高泉益：《安定日本社会的力量：社区组织町内会》，台湾商务印书馆 1999 年版，第 102 页。

[33] 葛道顺：《关于群团组织治理和发展的思考——学习习近平系列重要讲话的体会》，《社会发展研究》2016 年第 4 期，第 197 - 207 页。

[34] 葛亮：《群团组织参与社会治理创新——共同参与和搭台唱戏》，《浙江社会科学》2017 年第 5 期，第 62 - 68 页。

[35] 葛天任、李强：《我国城市社区治理创新的四种模式》，《西北师范大学学报（社会科学版）》，2016 年第 6 期，第 5 - 13 页。

[36] 顾建健：《现代社区管理概论》，上海人民出版社 2007 年版。

[37] 顾昕，王旭，严洁：《公民社会与国家的协同发展——民间组织的自主性、民主性和代表性对其公共服务效能的影响》，《开放时代》2006 年第 5 期，第 103 - 112 页。

[38] 韩铁英：《日本町内会的组织和功能浅析》，《日本学刊》2002 年第 1 期，第 46 - 63 页。

[39] 何瑞文：《网格化管理的实践困扰》，《苏州大学学报（哲学社会科学版）》2016 年第 1 期，第 16 - 22 页。

[40] 何增科、陈雪莲：《政府治理》，中央编译出版社 2015 年版，第 15 - 16 页。

[41] 何增科：《国家和社会的协同治理——以地方政府创新为视角》，《经济社会

体制比较》2013 年第 5 期，第 109 - 116 页。

[42] 胡仙芝：《积极培育社会组织 构建社会矛盾调节体系——以社会中介组织为视角》，《国家行政学院学报》2006 年第 6 期，第 42 - 45 页。

[43] 胡献忠：《改革开放以来群团组织研究述评》，《中共云南省委党校学报》2015 年第 5 期，第 144 - 150 页。

[44] 黄晓春，嵇欣：《非协同治理与策略性应对——社会组织自主性研究的一个理论框架》，《社会学研究》2014 年第 6 期，第 98 - 123 页。

[45] 敬乂嘉：《政府与社会组织公共服务合作机制研究——以上海市的实践为例》，《江西社会科学》2014 年第 4 期，第 165 - 170 页。

[46] 康晓光、韩恒：《分类控制：当前中国大陆国家于社会关系研究》，《社会学研究》2005 年第 6 期，第 73 - 89 页。

[47] 雷水贤：《双重角色对妇联履行职能的影响》，《妇女研究论丛》2002 年第 6 期，第 11 - 13 页。

[48] 黎智洪：《从管理到治理——我国城市社区管理模式转型研究》，经济日报出版社 2014 年版。

[49] 李鸿渊：《共治与自治互动：基层社会治理法治化的路径整合》，《党政论坛》2016 年 3 期，第 52 - 54 页。

[50] 李江新：《社区管理三大参与主体分析——基于多元共治的视角》，《学术界》2011 年第 5 期，第 79 - 86 页。

[51] 李路曲：《新加坡现代化之路——进程、模式与文化选择》，新华出版社 1996 年第 1 版，第 270 页。

[52] 李培林：《社会治理与社会体制改革》，《国家行政学院学报》2014 年第 4 期，第 8 - 10 页。

[53] 李强：《提升城乡社区治理现代化水平》，《人民日报》2017 年 7 月 9 日第 5 版。

李升：《日本基层社区治理的实践及启示》，《团结》2017 年第 1 期，第 65 - 68 页。

[54] 李雪萍：《社区参与在路上》，中国社会科学出版社 2015 年版。

[55] 李友梅：《组织社会学及其决策分析》，上海大学出版社，2009 年。

[56] 李友梅：《城市基层社会的深层权力秩序》，《江苏社会科学》2003 年第 6 期刊，第 62 - 67 页。

[57] 李友梅：《讲好有世界意义的中国故事》，《人民日报》2017 年 3 月 30 日，第

05 版。

[58] 李友梅:《社区治理:公民社会的微观基础》,《社会》2007 年第 2 期,第 159 - 169 页。

[59] 李友梅:《中国社会管理新格局下遭遇的问题——一种基于中观机制的分析》,《学术月刊》2012 年第 7 期,第 13 - 20 页。

[60] 李友梅:《以基层党建引领社区治理创新》,《人民日报》2017 年 7 月 9 日。

[61] 梁妍慧:《在强化服务中发挥基层党组织的战斗堡垒作用》,《中共石家庄市委党校学报》2014 年第 7 期,第 4 - 6 页。

[62] 林和生:《日本社区的"町内会"》,《社区》2006 年第 6 期,第 36 - 38 页。

[63] 林尚立:《上海基层治理有效吗?》,《上海观察》2013 年 12 月 13 日。

[64] 林尚立:《社会协商与社会建设:以区分社会管理与社会治理为分析视角》,《中国高校社会科学》2013 年第 4 期,第 135 - 146 页。

[65] 刘传铭、乔东平、高克详:《政府与社会组织的互动模式——基于北京市某区的实地调查》,《经济社会体制比较》2012 年第 3 期,第 174 - 180 页。

[66] 刘建军:《党建引领:上海基层治理的政治逻辑》,《"城市治理发展与加强城市基层党建"理论征文优秀论文选编》,2016 年 12 月,第 129 页。

[67] 刘莉:《妇联组织参与社会管理和公共服务的新思考》,《妇女研究论丛》2008 年第 6 期,第 5 - 10 页。

[68] 刘宗红主编:《基层服务型党组织建设的理论与实践》,江西人民出版社 2016 年版,第 229 页。

[69] 卢汉龙:《从党政管理到社区管理》,"我国城市社区建设模式讨论会"论文集,2002 年 11 月 29 - 30 日,第 12 - 13 页。

[70] 卢学晖:《日本社区治理的模式、理念与结构——以混合型模式为中心的分析》,《日本研究》2015 年第 2 期,第 52 - 61 页。

[71] 陆春萍:《妇联组织横向合作网络的建构》,《甘肃社会科学》2014 年第 3 期,第 126 - 129 页。

[72] 陆学艺:《关于社会建设的理论和实践》,《理论前沿》2008 年第 11 期,第 20 - 25页。

[73] 罗光华:《城市基层社会管理模式创新研究》,武汉大学博士论文,2011。

[74] 罗平汉:《中国共产党群众路线思想史》,北京:人民出版社 2013 年版,第 30 页。周恩来:《周恩来选集》(上),人民出版社 1980 年版,第 35 - 39 页。

[75] 罗斯:《社会控制》,华夏出版社 1989 年版。

[76] 罗斯科·庞德:《通过法律的社会控制》,商务印书馆2010年版。

[77] 马卫红、桂勇:《从控制到治理——社会转型与城市基层组织框架的变迁》,《华中科技大学学报(社会科学版)》2008年第5期,第78-84页。

[78] 毛飞:《绩效基础管制:一种新型政府治理工具》,《新视野》2003年第5期,第33-35页。

[79] 毛军吉:《国内外先进社区治理模式的观照及启示》,《湖南科技大学学报(社会科学版)》2013年第4期,第86-89页。

[80] 毛泽东:《毛泽东选集》(第三卷),人民出版社1991年版,第1094-1095页。

[81] 欧阳君君:《协商民主与社区参与——以扬州市为例》,《城市问题》2010年第11期,第70-75页。

[82] 潘鸿雁:《社区治理新模式:共治与自治互动》,《学习时报》2013年6月28日。

[83] 潘维:《信仰人民——中国共产党与中国政治传统》,中国人民大学出版社2017年版。

[84] 彭勃、邵春燕:《组织嵌入与功能调适:执政党基层组织研究》,《上海行政学院学报》2012年第2期,第39页。

[85] 彭惠青:《城市社区居民参与研究——以武汉市社区考察为例》,华中科技大学出版社2009年版。

[86] 任丹凤:《共存机制下城市基层社会治理的共治与自治——以上海市为例》,《社会工作》2012年第2期,第36-39页。

[87] 日本总务省:地方自治法[DB/ OL]:(2008-06-18)[2009-03-22]. http://law.e-gov.go./jpht-mldata S22/ S22/HO067.html.

[88] 桑玉成:《从五里桥街道看城市社区管理的体制变革》,《政治学研究》1999年第2期。

[89] 申可君:《城市社区居民参与机制研究》,中国传媒大学出版社,2015年。

[90] 施雪华、孔凡义:《美国社区治理及其启示》,《山西大学学报(哲学社会科学版)》2008年第4期,第90-95页。

[91] 石发勇:《业主委员会、准派系政治 与基层治理——以一个上海街区为例》,《社会学研究》2010年第3期,第136-158页。

[92] 史传林:《政府与社会组织合作治理的绩效评价探讨》,《中国行政管理》2015年第5期。

[93] 宋雪峰:《日本社区治理及其启示》,《中共南京市委党校学报》2009年第3

期，第 90－96 页。
[94] 孙秋云、曹志刚：《社区与社区建设八讲》，华中科技大学出版社 2011 年版。
[95] 孙肖远：《城市社区治理的模式转型与机制构建》，《理论探讨》2016 年第 5 期，第 16－20 页。
[96] 孙小逸，黄荣贵：《制度能力与治理绩效——以上海社区为例》，《公共管理学报》2012 第 4 期，第 29－38 页。
[97] 唐有财、胡兵：《社区治理中的公众参与：国家认同与社区认同的双重驱动》，《云南师范大学学报（哲学社会科学版），2016 年第 2 期，第 63－69 页。
[98] 托克维尔：《论美国的民主：上卷》，商务印书馆 1997 年版。
[99] 王懂棋：《如何加强基层党组织的整体功能》，《学习时报》2015 年 11 月 19 日 A3 版。
[100] 王芳、李路曲：《新加坡社会基层组织建设的经验》，《理论探索》2005 第 2 期，第 110－112 页。
[101] 王汉生、吴莹：《基层社会中“看得见”与“看不见”的国家》，《社会学研究》2011 年第 1 期，第 63－95 页。
[102] 王名、孙伟林：《社会组织管理体制：内在逻辑与发展趋势》，《中国行政管理》2011 年第 7 期，第 16－19 页。
[103] 王名、杨丽：《社区治理的国际经验与启示》，《重庆社会科学》2011 年第 12 期，第 50－56 页。
[104] 王浦劬：《政府向社会力量购买公共服务的改革机理分析》，《北京大学学报（哲学社会科学版）》2015 年第 4 期，第 88－94 页。
[105] 王绍文、罗文君：《社区自治的困境及其成因与对策》，《广西社会科学》2008 年第 4 期，第 194－197 页。
[106] 王世军、于吉军：《新加坡的社区组织与社区管理》，《社会》2002 年第 3 期，第 43－44 页。
[107] 王小章、王志强：《从“社区”到“脱域的共同体”：现代性视野下的社区和社区建设》，《学术论坛》2002 年第 6 期，第 40－43 页。
[108] 王星：《利益分化与居民参与——转型期中国城市基层社会管理的困境及其理论转向》，《社会学研究》2012 年第 2 期，第 20－34 页。
[109] 王旭、罗思东：《美国新城市化时期的地方政府——区域统筹与地方自治的博弈》，厦门大学出版社 2010 年版，第 225－227 页。
[110] 王颖：《扁平化社会治理：社会自治组织与社会协同服务》，《河北学刊》

2014 年第 5 期,第 100 - 105 页。

[111] 吴建平:《社会治理绩效及其影响因素——基于 2015 年全国抽样调查的数据分析》,《国家行政学院学报》2017 年第 3 期,第 77 - 81 页。

[112] 吴猛:《社区协商民主:理论阐释与路径选择》,《社会主义研究》2011 年第 2 期,第 99 - 101 页。

[113] 吴彤:《自组织方法论研究》,清华大学出版社,2000 年,第 7 - 8 页。

[114] 吴晓林;《让社区更有温度》,《人民日报》新论,2017 年 7 月 25 日。

[115] 夏建中:《北京城市新型社区自治组织研究》,《北京社会科学》2003 年 2 期,第 88 - 94 页。

[116] 肖纯柏:《农村基层党组织功能实现途径研究》,人民出版社 2011 年版,第 2 页。

[117] 肖扬:《对妇联组织变革动因及其途径的探讨》,《妇女研究论丛》2004 年第 5 期,第 39 - 45 页。

[118] 肖瑛:《从"国家与社会"到"制度与生活":中国社会变迁研究的视角转换》,《中国社会科学》2014 年第 9 期,第 88 - 104 页。

[119] 谢立中:《政府社会建设绩效评估指标研究》,《地方治理研究》,2017 年第 2 期,第 3 - 12 页。

[120] 徐家良、廖鸿:《中国社会组织评估发展报告(2016)》,社会科学文献出版社,2015 年。

[121] 徐林,方亦儿,薛圣凡:《社区资源禀赋、治理模式与治理绩效》,《浙江社会科学》2017 年第 3 期,第 27 - 35 页。

[122] 徐双敏、张景平:《枢纽型社会组织参与政府购买服务的逻辑与路径——以共青团组织为例》,《中国行政管理》2014 年第 9 期,第 41 - 44 页。

[123] 徐勇主编、邓大才等:《中国城市居民自治有效实现形式研究》,中国社会科学出版社,2015 年。

[124] 徐宇珊:《非对称性依赖:中国基金会与政府关系研究》,《公共管理学报》2008 年第 1 期,第 33 - 40 页。

[125] 杨根乔:《当前强化基层党组织整体功能问题调查与思考》,《江淮论坛》2017 年第 2 期,第 95 页。

[126] 杨家璇:《城市社区治理中居民参与问题研究》,郑州大学硕士论文,2017 年。

[127] 杨敏:《作为国家治理单元的社区——对城市社区建设运动过程中居民社

区参与和社区认知的个案研究》，《社会学研究》2007 年第 4 期，第 137 - 164 页。

[128] 姚华、王亚南：《社区自治：自主性空间的缺失与居民参与的困境——以上海市 J 居委会"议行分设"的实践过程为个案》，《社会科学战线》2010 年第 8 期，第 187 - 193 页。

[129] 叶南客：《都市社会的微观再造—中外城市社区比较新论》，南京：东南大学出版社 2003 年版，第 104 页。

[130] 尹浩：《城市社区微治理的多维赋权机制研究》，《社会主义研究》，2016 年第 5 期，第 100 - 106 页。

[131] 俞可平：《论国家治理现代化》，社会科学文献出版社 2015 年版。

[132] 俞楠，张辉：《自治与共治：合作主义视角下的社区治理模式》，《理论与改革》2006 年第 6 期，第 15 - 17 页。

[133] 郁建兴、任泽涛：《当代中国社会建设中的协同治理——一个分析框架》，《学术月刊》2012 年第 8 期，第 23 - 31 页。

[134] 袁德红：《新加坡社区管理模式研究》，《中国管理信息化》2015 年第 22 期，第 200 - 201 页。

[135] 约·埃尔斯特，周艳辉译：《协商民主：挑战与反思》，中央编译出版社 2009 年版。

[136] 詹姆斯·克里斯：《社会控制》，电子工业出版社 2012 年版。

[137] 詹姆斯·罗西瑙：《没有政府的治理》，江西人民出版社 2001 版。

[138] 张宝锋：《城市社区参与动力缺失原因探源》，《河南社会科学》，2005 年第 4 期，第 22 - 25 页。

[139] 张静波：《日本社区的组织功能及与政府的关系》，《红旗文稿》2009 年第 24 期，第 28 - 29 页。

[140] 张文礼：《合作共强：公共服务领域政府与社会组织关系的中国经验》，《中国行政管理》2013 年第 6 期，第 7 - 11 页。

[141] 张暄：《日本社区 》，中国社会出版社 2007 年版，第 9 页。

[142] 郑杭生：《改革开放 30 年：快速转型中的中国社会》，《社会科学研究》2008 年第 4 期，第 1 - 9 页。

[143] 郑晓东：《美国城市社区自治的现状与趋势》，《浙江学刊》2008 年第 5 期，第 134 - 138 页。

[144] 中共上海市虹口区委组织部：《基层党组织的政治功能与服务功能关系研

究——以上海市虹口区的探索和实践为例》,《上海党史与党建》2016 年第 4 期,第 47 页。

[145] 中共上海市松江区委党校课题组:《党建引领基层自治共治的理论与实践》,《上海党史与党建》2017 年 4 期,第 56 - 58 页。

[146] 中共中央文献研究室:《毛泽东传(1949 - 1976)》,中央文献出版社 2003 版,第 656 页。

[147] 中共中央文献研究室:《三中全会以来重要文献选编》(下),人民出版社 1982 年版,第 834 页。

[148] 中央编译局:《马克斯恩格斯全集》(第十一卷),人民出版社 2002 年版。

[149] 中央档案馆编:《中共中央文件选集(第 1 册)》,中共中央党校出版社 1989 年版,第 90 页。

[150] 周庆智:《权威主义基层治理——以深圳罗湖"质量党建"为例》,《求实》2016 年第 10 期,第 13 页。

[151] 朱健刚:《城市街区的权力变迁》,《战略与管理》1997 年第 4 期,第 42 - 53 页。

[152] 祝灵君、齐大辉:《新形势下做好群众工作的艺术与方法创新》,中共中央党校出版社 2011 年版,第 136 页。

[153] 邹丽琼:《美国城市社区治理及其启示》,《北京城市学院学报》2009 年第 1 期,第 59 - 63 页。

[154]《大力加强社会组织党建工作——中组部负责人就〈关于加强社会组织党的建设工作的意见(试行)〉答记者问》,《中国社会组织》2015 年第 19 期,第 12 - 15 页。

索 引

后　记

2011 年 7 月，我从上海大学社会学系毕业，有幸在上海工程技术大学社会科学学院公共管理系获得教职岗位。更幸运的是，我在博士期间所作的社会组织研究与学院的重点研究方向高度一致，因此，在这里能够继续深化研究。恰逢 2014 年上海市委市政府把“创新社会治理加强基层建设”作为当年的“一号课题”，学院提供的平台使我能够参与到该课题的调研中。通过细致的调研，我们发现社会组织的发展嵌入在社会治理的体制机制中。同时，虽然社会组织领域的研究层出不穷，但那些细致、深入的研究，都建立在对社会治理的制度、结构、行动等的分析之中，因而进行了有说服力的解释。因此，我开始把自己的研究领域拓展到社会治理，主要聚焦基层社会治理。

伴随政治经济和社会文化的发展，我国社会治理的理论与实践在不断推进，社会治理的行动者、行动机制和行动绩效迫切需要明晰。近几年来，我们对上海、南京等地的社会治理实践进行了典型个案的调研，积累了比较翔实的经验材料。同时，我们也在努力地从理论上回应鲜活的实践，尤其立足于上海的实践，探讨特大城市社会治理的特征和机制。

本书的完成得到了许多同仁的帮助。首先感谢上海大学社会科学学院为本书提供的出版资助。张健明先生全身心投入教师事业的“劳模精神”、对青年教师的悉心培养，让一批青年教师受益匪浅，同时他睿智的领导力，为青年教师营造了难能可贵的发展环境。其次，感谢上海市松江区委党校李鸿渊副教授，他为本书第五章的成稿贡献了智慧；感谢南京市雨花台区委党校孙丽莎老师，她为本书第四章的形成付出了辛苦努力。最后，上海工程技术大学硕士研究生王其源、周淑娟，华东政法大学硕士研究生吴斌才参加了相关调研、书稿讨论。

在资料收集过程中，宝山区社会建设办公室高丹科长、罗店镇张雁，松江区民政局张爱华科长、沈雯婷科长，松江区社会组织服务中心蒋新生主任，岳阳街道自治办陈旭菁科长给了我许多无私的帮助，让我能够进入社区、进入社会组织进行访谈和参与式观察。在此一并致谢！

本研究工作离不开家人的支持。工作一年之后，儿子的到来改变了我的生活。回想他从呱呱落地到如今五岁又八个月，从离不开襁褓的婴儿成长到绿茵场上的小健儿，我的内心充满了幸福与满足。家人的支持让我能够比较从容地应对这个"甜蜜的小负担"。不可否认的是，活泼可爱的儿子给家庭带来的不仅是欢声笑语，也给家长带来了挑战，这种挑战的核心就是如何要完善自己、提升自己，如何做有智慧的家长。我尽可能地把这种挑战视为工作的动力，督促自己持续学习和成长，平衡好工作和家庭，做让儿子骄傲的妈妈。

本书在撰写过程中参阅了学界的诸多相关研究成果，这些知识积累为本研究的形成提供了前提，在此表示感谢。本书仍存在一定的不足，比如理论上的探讨仍有较大空间。"路漫漫其修远兮，吾将上下而求索"，我会在以后的研究中不断完善。